호텔경영의 입문

박 성 부 저

백산출판사

머리말

21세기의 주력산업은 정보산업과 환경산업 그리고 관광산업이라고 한다. 특히 지속적인 경제성장과 주 5일 근무제에 따른 여가시간의 확대는 관광에 대한 수요를 빠른 속도로 증가시켰으며, 국민들의 여가선호 경향과 개방화, 세계화에 따른 관광산업도 새롭게 조명되고 있다. 또한 세계 각국은 관광산업이 고용을 창출하고 외화를 획득한다는 측면을 중시하여 국가발전에 공헌할 수 있는 성장 주도산업으로 인식하고 있으며, 이에 많은 자원을 배분・투입하여 관광산업을 진흥시켜 나가고 있다.

이와 같은 추세에 힘입어 호텔기업도 급성장하는 추세를 보이고 있으며, 이와 관련되는 훌륭한 전문서적들이 지속적으로 출간되고 있다. 이 시점에서 또 하나의 서적을 저술하게 된 동기는, 지식 전수를 목적으로 한 책은 내용전달의 효과성과 효율성을 최선으로 해야 한다는 데 있다. 따라서 이 책의 기본방향은 내용의 충실성과 아울러 학생들이 가급적 쉽게 그 내용을 이해할 수 있도록 하는 데 있다. 다시 말하면 본서는 호텔분야를 전공하는 학생들에게 이해하기 쉽고 구체적이며, 실제 응용 가능한 지식을 제공하기 위하여 적응과 창조의 바탕 위에서 현대 호텔경영의 기초적 이론과 실무를 설명한 것이다.

이 책의 구성은 호텔 및 관광관련 학생들이 호텔경영을 이해하는 데 필요한 기초이론과 실제를 전체적인 흐름으로 파악할 수 있도록 하는 데 있다. 그러기 위해서 각 장과 절의 순서를 최대한 논리적으로 전개하였다. 이 책은 다음과 같이 2편 14장으로 이루어져 있다.

제1편은 호텔경영을 이해하는 데 필요한 기초 이론으로서 호텔기업의 환경변화, 호텔기업의 특성과 경영형태, 호텔기업의 경영조직, 호텔서비스 관리, 호텔인적자원관리, 호텔마케팅, 호텔영업회계, 호텔정보시스템, 호텔사업계획 등을 설명하였다.

제2편은 호텔업무의 내용을 고객에게 제공되는 서비스 순서에 따라 객실예약업무, 체크인 서비스업무, 체크아웃 서비스업무 그리고 식음료 서비스업무, 연회서비스업무, 호텔 레저사업 등을 중심으로 설명하였다.

끝으로 이 책이 완성되기까지 여러모로 관심과 지원을 아끼지 않으신 백산출판사 사장님과 편집부의 여러분께도 감사를 드린다.

2009년 8월

저자 씀

차 례

제1편 호텔경영의 이해

제6장 호텔인적자원 관리 — 84

제2편 호텔경영의 실제

PART 1

호텔경영의 이해

제1장 호텔산업의 환경변화

제2장 호텔산업이 발전

제3장 호텔기업의 이해

제4장 호텔기업의 경영조직

제5장 호텔서비스 관리

제6장 호텔인적자원 관리

제7장 호텔마케팅

제8장 호텔영업회계

제9장 호텔정보시스템

제10장 호텔사업계획

CHAPTER 01

호텔산업의 환경변화

오늘날 우리 사회는 소득의 증대, 여가시간의 증가 그리고 정신적 풍요를 중시하는 생활환경의 변화로 관광에 대한 인식은 빠르게 확대되어 가고 있다. 이에 따라 21세기는 호텔산업에 많은 기회와 위협을 동시에 제공할 것으로 예상되며, 앞으로 전개될 다양한 시장환경과 고객층, 그리고 새로운 호텔경영전략 등의 환경변화에 어떻게 대응하느냐에 따라 호텔산업의 생존이 달려 있다고 볼 수 있다.

현대 호텔기업의 경영혁신은 일반적으로 호텔상품 및 서비스의 품질개선뿐만 아니라, 빠르게 변화하는 경영환경과 고객욕구에 신속하게 대응할 수 있는 전략이 주요 호텔경영의 목표가 되고 있다.

이와 같이 다가오는 환경변화에 호텔기업들이 능동적으로 대처해 나가기 위해서는 먼저 변화하는 시장상황에 변혁을 위한 경영혁신과 새로운 경쟁조건이 요구되어지고 있다. 현재 세계적인 선진 호텔기업들은 21세기 대비전략으로 주력 사업영역의 변경, 테크놀러지의 전략적 활용, 자력주의에서 제휴 및 합병 등으로 변화하는 환경에 발빠르게 대응하고 있다.

먼저 과학과 기술적 발달은 호텔산업에 경영의 첨단화를 가져다 주었다. 다시 말하면, 기술적 환경변화에 따라 호텔경영은 자동화되면서 경영정보가 신속 정확하게 제공되고, 이에 따른 호텔의 신상품이 출현하는 등 기술변화에 따른 다양한 변화가 나타날 것이다.

특히 호텔 고객서비스 측면에서 각종 데이터가 전산화되고, 네트워크로 연결됨에 따라 소비자들은 인터넷이나 비디오 등을 통해 원하는 호텔에 대한 정보를 찾을 수 있으며, 직접 방문하지 않고도 온라인상에서 예약을 할 수 있는 전자상거래가 점차 확산되고 있다. 호텔기업의 전자상거래 진입은 인터넷활용이 필수요건으로 등장하면서 호텔경영전략에서도 수정이 이루어지고 있다. 이와 같은 현상이 확대됨에 따라 인터넷, 온라인 정보서비스 등의 정보기술의 발달과 고객의 다양한 요구에 의한 호텔경영 적용범위가 확대됨에 따라 21세기의 호텔기업의 변신이 요구되고 있는 것이다.

그리고 전통적으로 호텔산업은 숙박, 식음료, 부대시설, 엔터테인먼트 시설 등 환대산업 관련 서비스를 포함하고 있으나, 앞으로는 호텔의 기본적인 사업역량을 글로벌화하는데 힘을 기울일 것이다.

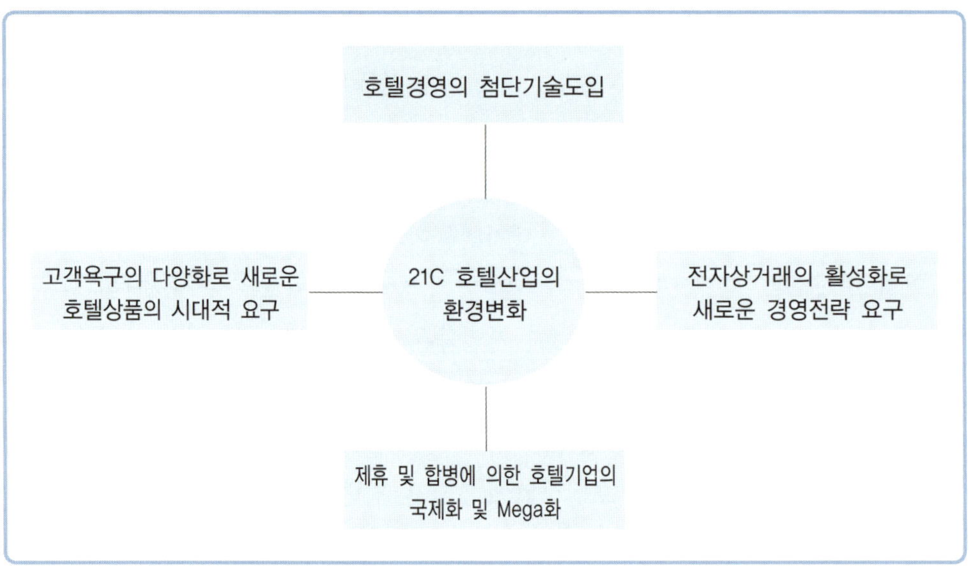

[그림 1-1] 21C 호텔산업의 환경변화

미래의 호텔경쟁력은 하드웨어인 객실 및 식음료, 부대시설에 따른 규모는 어느 정도 평준화될 것이다. 이는 호텔의 등급을 결정하는 하드웨어적인 측면이 점점 줄

어들고 인적서비스 품질에 따른 호텔수준을 결정하는 시대가 오고 있기 때문이다.

따라서 오늘날 호텔경영의 성공을 위해서는 하드웨어와 소프트웨어가 균형 있게 개발되어야 하나, 고객의 욕구가 변화함에 따라 눈으로 볼 수 있는 시설의 고도화보다는 눈에 보이지 않는 소프트한 가치가 점차 중요시되고 있다.

환대산업에서 가장 중요시하는 것은 고객과의 접점 시점이라는 인간적 상호작용인데 호텔기업에서도 강조되는 것은 당연하다. 이것은 서비스 제공자와 고객 간의 인간관계를 연결해 주는 것은 사람마음인데, 사람산업이라 불리는 호텔기업에서 인적자원의 개발과 육성뿐만 아니라 소프트웨어적인 전략을 구축해 나가는 것은 무엇보다도 중요한 사항이다.

용어해설

Hospitality Industry: 환대산업으로서 여행, 숙박, 외식, 엔터테인먼트, 레크리에이션, 그리고 도박시설 등이 이에 포함된다.

Technology Strategies: 20세기말 컴퓨터의 발달은 호텔경영관리에 많은 경영개선 효과를 가져왔다. 21세기에는 보다 많은 첨단장비와 장치들이 호텔의 서비스에 투입되고 관광활동에 활용될 것이다. 이들은 서비스의 속도를 높이고 고객을 편리하게 하기도 하지만, 비용절감에도 기여할 것으로 기대되고 있다.

Electronic Commerce: 전자상거래로서 이는 컴퓨터를 이용하여 인터넷이나 PC 통신에 접속해 물건을 사고 파는 행위를 말하며, 여행상품·항공권·호텔상품 등 관광관련 업계에서도 일반화되어가고 있는 추세이다.

참고문헌

구태회, 호텔산업의 글로벌경영전략, 백산출판사, 2007.
박성부, 최신호텔경영실무, 백산출판사, 2004.
송성인·김영식, 호텔경영학, 새로미, 2007.
이화인, 호스피탈리티 산업의 이해, 백산출판사, 2001.
차길수·윤세목, 호텔경영학원론, 현학사, 2006.
최병길, IT혁명과 관광, 백산출판사, 2004.
최정길, 호텔경영학, 21세기사, 2005.
한국관광협회중앙회 홈페이지: www.koreatravel.or.kr

CHAPTER 02

호텔산업의 발전

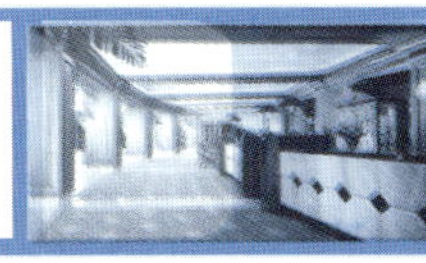

제1절 유럽지역 호텔의 발전

19세기 초 독일의 온천관광지인 바덴바덴(Badan Badan)에 건립된 바디셰 호프(Bardishe Hof)는 유럽 근대 호텔의 새로운 면모로 등장하였다. 이 호텔은 초기의 단순한 숙박시설인 여인숙(inn)에 비해 대단히 호화스러운 숙박시설로서 건물구조도 크고 응접실, 발코니, 식당, 침실 및 욕실 등이 잘 정비되어 있을 뿐만 아니라, 냉수와 온수의 공급이 되고 정원이 마련되어 있어서 근대 호텔의 면모로 손색이 없었다. 즉 19세기에 등장한 호텔은 초기의 여인숙과 비교할 때 이 호텔은 상류계급의 세련된 생활양식을 기초로 하여 호화로운 시설과 서비스 내용을 특징으로 하였다.

이와 같은 의미에서 바디쉬 호프는 19세기 중엽에 여인숙에서 근대 호텔로 발전하는 가교역할을 했으며, 유럽 여러 나라의 호텔산업에 영향을 미쳤음에 비추어 볼 때 근대호텔 발전사에서 그 의미가 크다고 할 수 있겠다. 한편 이 시기에 등장한 유스호스텔(youth hostel)은 1874년 독일 태생의 리하르트 시르만(R. Shirman)이라고 하는 초등학교 교사가 건전한 청소년의 숙박시설로서 유스호스텔을 창시한 것이다. 이는 1910년 리하르트 시르만이 자신이 근무하는 초등학교를 숙박시설로 사용한 것이 최초의 유스호스텔의 출현이라고 할 수 있다. 그 후 유스호스텔의 붐이 전국적으로 일어나자, 1914년에는 유스호스텔협회를 결성하게 되었다. 이 제도는 1925년 이후에는 유럽은 물론 미국에까지 확대되면서 세계적으로 청소년들을 위한 숙박시설로 발전하게 되었다.

한편 프랑스에 있어 근대 호텔의 출현은 1850년 르 그랑 호텔(Le Grand Hotel)이 파리에 건립되었으며, 1870년에는 세계에서 가장 호화롭다고 하는 호텔 그랑 나시오날(Hotel Grand National)이 세워져 유럽 상류사회의 인기를 독차지하였다. 이어 1880년 스위스 태생인 세자르 리츠(Ceasar Ritz)는 고급스러운 호텔서비스의 개념을 토대로 파리에 리츠호텔을 개업하여 근대호텔 산업발전에 많은 공헌을 하였다. 그는 '고객은 항상 정당하다(Guest is always right)'는 슬로건으로 호텔은 고객에게 품격 높은 서비스를 제공해야 한다고 주장함으로써 오늘날 호텔경영의 서비스철학과 이념을 제시하였다. 이 호텔은 오랜 경험을 바탕으로 오늘날 프랜차이즈 형태의 체인호텔을 결성하여 유럽지역에 18개의 'Ritz Carlton Hotels'을 보유하게 되었으며, 오늘날 체인호텔시스템의 효시라고도 볼 수 있다.

근대 영국 호텔은 리츠에 의해서 많은 발전을 가져왔다. 1889년에 세워진 사보이 호텔(Savoy Hotel)을 통하여 호텔업은 물론 식당업을 번창시켜 영국의 외식사업에 큰 영향을 끼쳤으며, 1899년에는 리츠에 의해 영국 런던에 칼튼 호텔(Carlton Hotel)을 개관하면서 프랜차이즈에 의한 체인화를 실시하여 고급호텔로서 손색이 없었으며, 영국에서 최초로 호텔의 욕실을 구비하기도 하였다.

제2절 미국호텔의 발전

1794년에 세워진 미국의 시티호텔은 73실의 객실을 보유하고, 당시 인구 3만명의 뉴욕지역에서 사교의 중심지가 되었다. 이후 보스톤(Boston), 볼티모어(Baltimore), 필라델피아(Philadelphia)에서도 뉴욕의 시티호텔과 유사한 호텔들이 세워져 그 지역의 공공회합장소로서 그 기능을 가졌다.

1829년에는 보스턴에 근대호텔의 원조라 할 수 있는 '트레몬트 하우스(Tremont House)'가 출현하였다. 미국 호텔산업의 원조라고 불려지는 객실 170실의 트레몬트 하우스는 종전과는 달리 그 규모나 호화로움에 그치지 않고 호텔경영에 있어서도 근대호텔 산업의 한 전기를 마련하였음을 주목할 일이다. 당시 트레몬트 하우스가 도입한 호텔경영기법은 다음과 같다.

① 호텔 로비(lobby)공간을 확보하여 등록
② 1인용 객실과 2인용 객실을 만들어 개인 프라이버시를 보장
③ 각 객실에 조간신문, 물주전자, 세면용 용기, 비누 등을 무료로 제공
④ 지배인제도 도입과 고객서비스 향상을 위하여 직원교육 실시
⑤ 각 객실에 개인전용 객실키, 안전용 체인 부착
⑥ 벨보이(bell boy) 서비스를 받을 수 있는 호출기(announciator)를 설치

1830년대부터 산업혁명이 촉진된 미국에서는 남북전쟁 이후 공업이 발달하고 상용 여행객이 늘어남에 따라 저렴하고 쾌적한 숙박시설에 대한 욕구도 증대시켰다. 이와 같이 미국에 있어서 19세기 말부터 20세기 초에 걸쳐 숙박시설은 상용여행객의 증대라는 환경변화에 직면하면서 고객이 원하는 숙박시설의 형태와 서비스개발이 호텔업자들에게 해결해야 될 과제가 되고 있었다. 이러한 일반대중의 욕구를 포착하여 미국의 스타틀러(E. M. Statler)는 상류층이나 신흥부유계층을 대상으로 하는 호텔운영에서 과감히 탈피하여 새로운 서비스를 개발하고 과학적이고 합리적인 경영방식을 도입하였다. 스타틀러는 1908년 미국의 버펄로에 300개의 욕실 딸린 객실을 가진 거대한 호텔을 탄생시켜 적정한 객실요금으로 호텔이용의 대중화를 유도하였다. 이렇게 미국의 근대 호텔산업에 새로운 역사를 탄생시킨 그를 '근대호텔의 혁명왕'이라고 부르고 있다. 더욱이 그는 '1.5달러로 욕실 딸린 객실(a room and a bath for a dallar and half), 25센터에 식사(all you can eat for

25cents)'라는 슬로건을 내걸고 당시로는 파격적인 저렴한 가격으로 큰 성공을 거두었으며, 현대적 의미의 상용호텔의 등장을 가져왔다. 스타틀러의 새로운 호텔경영방식과 성공요인은 다음과 같다.

① 편리성, 쾌적성, 합리적 가격과 상품의 단순화 및 표준화로 서비스의 질적 향상을 도모
② 가격의 단일화로 이익의 증대
③ 각 객실에 개인용 욕탕 설치, 전신크기의 거울, 객실 내 얼음물과 신문 등을 제공
④ 어두운 곳에서도 쉽게 켤 수 있는 객실 내의 전등 스위치 설치
⑤ 개인 서비스를 위한 Don't Disturb라는 표지를 문고리에 사용

제3절 현대호텔의 발전

1930년대 미국의 경제대공황기를 맞아 호텔황금기는 사라지기 시작하였다. 그때가 호텔역사상 가장 불행했던 시대라 할 수 있다. 당시 호텔산업은 다시 회복될 수 없는 산업으로 인식되면서, 전체호텔의 85% 이상이 도산하기에 이르렀다. 그러나 그때에도 스타틀러의 몇몇 호텔들은 불황시대를 이겨내는 경영본질을 가지고 있었다. 그때 경영합리화를 위한 체인(chain)호텔들이 등장하게 되었는데, 현대의 호텔산업 특성 중 그 첫 번째는 체인호텔의 출현이라고 할 수 있다.

스타틀러 호텔 체인(Statler Hotel Chain)들은 1954년 신흥호텔 체인업체인 힐튼(Hilton)에게 인도되면서 스타틀러의 시대는 막을 내리게 되었다. 이후 쉐라톤(Sheraton)과 힐튼(Hilton)이라는 2대 호텔체인이 호텔업계를 주도하는 세력으로

등장하였다. 쉐라톤의 창업자 어네스트 헨더슨(Ernest Henderson)과 힐튼체인의 콘라드 힐튼(Conrad N. Hilton)이 호텔체인망을 구축하게 되었으며, 이들 체인호텔들은 기존 호텔들을 매입하는가 하면, 새로운 신규호텔을 건축하면서 아울러 리스(lease), 프랜차이징(franchising), 경영대리계약(management contract) 등의 다양한 방식으로 호텔의 체인화를 추진하였다. 힐튼은 대부분 기존의 호텔을 매입하여 체인화하였으며, 후에 경영계약방식을 창안하여 신규호텔을 늘려 가는데 성공하였다. 이 경영계약방식은 호텔건설의 기본이 되는 토지 및 건물의 건립은 상대방 측에서 맡고 호텔의 경영만을 힐튼호텔에서 맡는 것을 말한다. 다시 말하면, 호텔 건립에 필요한 토지의 수용과 건물의 건설에 따르는 막대한 비용을 들이지 않으면서도 자신들의 전문적인 경영능력만으로 새로운 호텔을 인수하는 방식으로 체인호텔을 넓혀감으로써 업계에 그 위상을 구축할 수 있었다. 힐튼호텔은 푸에르토리코에서의 성공에 자신을 얻어 본격적으로 해외로 눈을 돌리면서 호텔산업을 다국적기업으로 변모시켰는데, 1964년 힐튼 인터내셔널(Hilton International Co.)을 설립하여 해외호텔만을 전담하도록 함으로써 전 세계적으로 거대한 호텔체인망을 구축하는 거점을 마련하면서 호텔산업을 국제적인 산업으로 끌어올리는 업적을 이룩하였다.

한편 전후 자동차의 보급과 고속도로의 개발로 자동차 여행객이 급증하였고, 또한 숙박시설도 필요하게 되었다. 현대 미국의 숙박산업에서 힐튼을 능가할 기업이 있다면 '모텔'이라는 혁신적인 숙박상품을 갖고 등장한 윌슨(Kemmons Wilson)의 '홀리데이 인(Holiday Inn)'이다. 이러한 모텔의 등장은 현대 호텔산업의 두 번째 특성으로서 모텔은 도로변에 위치하고 있으며, 실용적이면서 경제성을 중시하였다. 윌슨은 스타틀러 이래 일반 서민에게 값싸고 편안하며 쾌적한 숙박시설을 제공함으로써 자동차 여행자들의 호텔이용에 일대 혁신을 가져다주었다. 윌슨의 홀리데이 인은 중저가 가격에 적절한 품질의 서비스를 제공함으로써 호텔을 이용하는 수요계층의 저변을 확대시켰다. 그리고 힐튼이 경영계약방식으로 호텔의 체인망을 확장하였는데 반해, 윌슨은 중소규모 호텔을 프랜차이즈 방식으로 확장하였다. 윌슨의 성공배경에는 자동차 보급과 아울러 고속도로 등 교통망의 확충을 통한 자동차 여행객의 증가에 있다. 윌슨은 여행객들이 짧은 시간 머무르다 갈 수 있는 저렴한 가격의 숙박시설에 대한 수요가 증가함에 따라 셀프서비스 방식 등 인건비를 절약하기 위한 다양한 방법을 채택하여 저가격정책으로 호텔사업의 성공을 거둘 수 있었다. 현대 호텔산업의 특성 중 세 번째는 리조트 호텔(resort hotel)의 등장이다. 휴가기간의 증가, 교통수단의 발달, 여행의 대중화현상으로 미국의 휴양지 호텔은 급격히 발달하였다. 주로 하계 휴양시설로서 보양, 오락 등의 목적으로 장기 체재할 수 있는 휴양지 호텔들이 세워졌다.

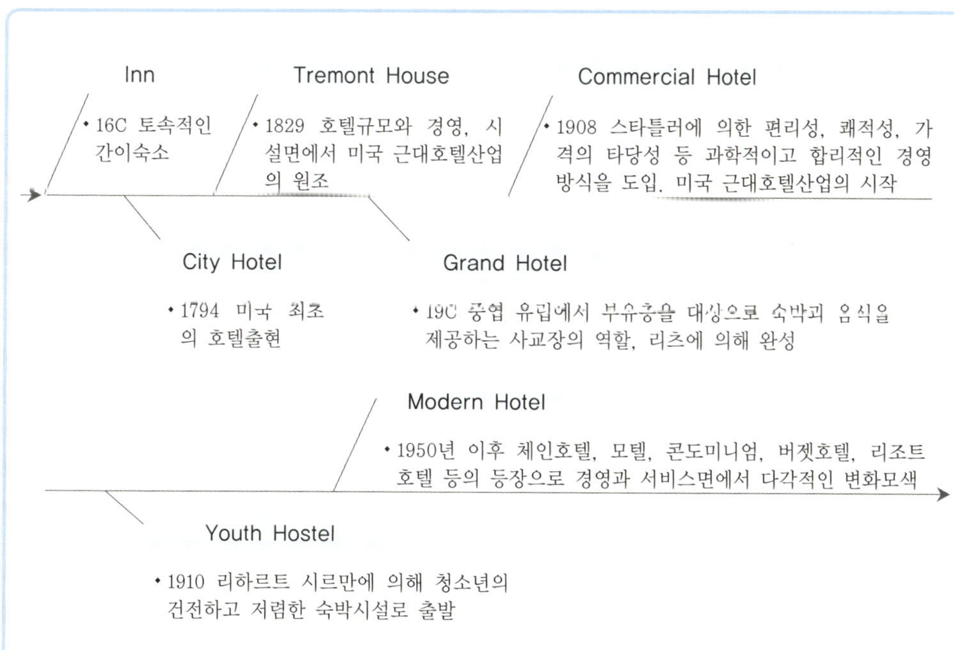

[그림 2-1] **호텔산업 발달과정**

제4절 우리나라 호텔산업의 발전

1. 근대호텔산업의 시작

우리나라 최초의 서양식 호텔은 1888년에 인천항을 출입하던 일본인과 외국인을 위해 인천 서린동에 지어진 3층에 객실 11개의 대불호텔이었다. 같은 시기에 청국인 이태(怡泰)는 대불호텔 맞은편에 객실 8개의 스튜워드호텔(Steward Hotel)을 개업하였다. 그러나 1899년 노량진과 인천 사이에 경인선이 개통되자, 외국인들은 굳이 인천에서 숙박할 필요가 없어졌고, 따라서 인천의 숙박산업은 더 이상 큰 발전은 없었다.

그 이후 1902년 서울 정동에 독일 출신의 여성인 손탁(Sontag)이 궁중에서 서양문물에 대한 자문을 하면서 고종의 신임을 얻어, 정동에 땅을 하사받아, 여기에 2층 규모의 손탁호텔을 개업하였다. 이 호텔은 서울에 처음으로 세워진 서양식 호텔이며 2층은 귀빈실의 객실이었고, 아래층에는 보통객실 및 식당과 회의장을 구비하였다. 또한 그곳에 서양식 식당과 서양가구, 장식품, 서양요리 등을 도입하여 호텔을 운영하였다.

2. 철도호텔과 상용호텔의 등장

우리나라 근대 호텔산업은 철도사업의 발전과 같이 해왔다고 해도 과언이 아니다. 1905년 경부선이 개통된 뒤 부산역을 2층으로 건축하여 1층은 대합실과 철도사무소로 이용하고, 2층은 호텔시설로 만들어 1912년부터 영업을 시작하였는데, 이것이 부산철도호텔이며 철도호텔의 효시가 되었다. 같은 해에 신의주호텔도 같은 형식으로 역사를 겸한 호텔로써 영업을 시작하였다. 1914년에 서울에서도 일본

총독부 철도국 주관으로 조선호텔이 건립되었다. 이 호텔은 69개의 객실을 가진 4층 건물의 호텔로써 프랑스요리가 제공되고, 국제회의장으로서의 역할과 함께 사교중심지가 되었다. 그리고 1915년에 금강산호텔이, 1918년에는 장안사호텔이, 1920년에는 온양온천호텔이, 1925년에는 평양철도호텔이 건립되는 등 전국적으로 수많은 호텔이 개업을 하였다.

철도의 개통과 더불어 1929년 일본항공의 노선이 개설되어 교통이 편리해지자 1936년에 일본인 노구찌에 의해서 구미식 10층 건물로 객실 111개에 150명을 수용할 수 있는 반도호텔이 세워졌다. 이 호텔은 미국의 스타틀러호텔의 경영방식을 도입하여 일반대중을 상대로 영업을 한 당시 우리나라 최대 규모이며 최초의 상용호텔이었다. 그러나 이 시기는 일제 강점기로서 우리 국민의 여행은 자유롭지 못한 상태였기 때문에 일본인과 외국인을 위한 시설이었고, 호텔사업도 일본인이 독점하고 있었다.

3. 민영호텔의 발전

일제 강점기에 총독부와 개인이 운영했던 철도 및 역구내식당, 조선호텔, 반도호텔, 부산철도호텔 등은 해방 후 미군정에 의해서 관리되다가 1948년 8월 15일 대한민국 정부 수립 후 교통부로 이관되었다. 그러나 우리나라의 호텔사업이 본궤도에 오른 것은 1961년 「관광사업진흥법」이 제정·공포되면서 획기적인 발전의 기틀을 마련하게 되었는데, 특히 시설을 기준으로 우수한 호텔을 관광호텔로 지정하여 제도적으로 지원하기 시작하였다. 당시 관광호텔로 선정된 호텔은 메트로호텔, 아스토리아호텔, 뉴코리아호텔, 사보이호텔, 그랜드호텔 등이었다.

1962년에는 한국관광공사의 전신인 국제관광공사가 설립되면서 국가가 보유하였던 조선호텔, 반도호텔, 전국의 철도호텔 등의 경영권을 국제관광공사가 인수함으로써 민영화에 의한 발전의 계기를 마련하였으며, 1963년에는 워커힐이 254개의 객실과 오락시설을 구비한 리조트호텔로 국제관광공사에서 운영하였다.

4. 호텔의 국제화와 체인화

1970년대에는 우리나라 관광호텔의 등급제도가 시행되었고, 호텔지배인 자격시험제도를 실시하여 호텔의 질적 수준 향상과 경영의 전문성을 도모하였다. 또한 정부에서는 관광관련법규를 정비하였으며, 관광진흥개발기금으로 관광호텔의 질적 및 양적 수준 향상을 가져왔다. 이 시기에 국제수준의 대형 호텔들이 개관하기 시작하였는데, 1976년 서울 프라자호텔, 1978년 서울 하얏트호텔, 1979년 호텔신라 등이 대표적인 호텔이다.

1980년도 이후 국민관광과 국제관광의 조화발전, 서비스수준의 향상, 국제회의의 국내유치, '86아시안게임과 '88서울올림픽 등을 통하여 우리나라 호텔산업도 일대 도약을 하게 되었다. 특히 이 시기에 국내 대기업들의 호텔사업진출이 본격적으로 시작되었고, 국제적인 체인호텔들이 대거 들어와 호텔산업의 부흥기를 맞이하였다. 특히 1988년 서울올림픽을 계기로 서울 르네상스호텔, 그랜드 힐튼호텔, 서울 인터컨티넨탈호텔, 호텔 롯데월드가 각각 개관되어 현대적 시설을 갖춘 국제수준의 특급호텔들이 확충되었다. 이와 같이 20세기 후반부터 우리나라는 국제화의 물결과 경제적 고도성장으로 세계 굴지의 호텔체인들이 상륙하는 시대에 놓이게 되었으며, 뿐만 아니라 호텔의 시설과 인적서비스도 세계적인 수준에 진입하는 시기를 맞게 되었다.

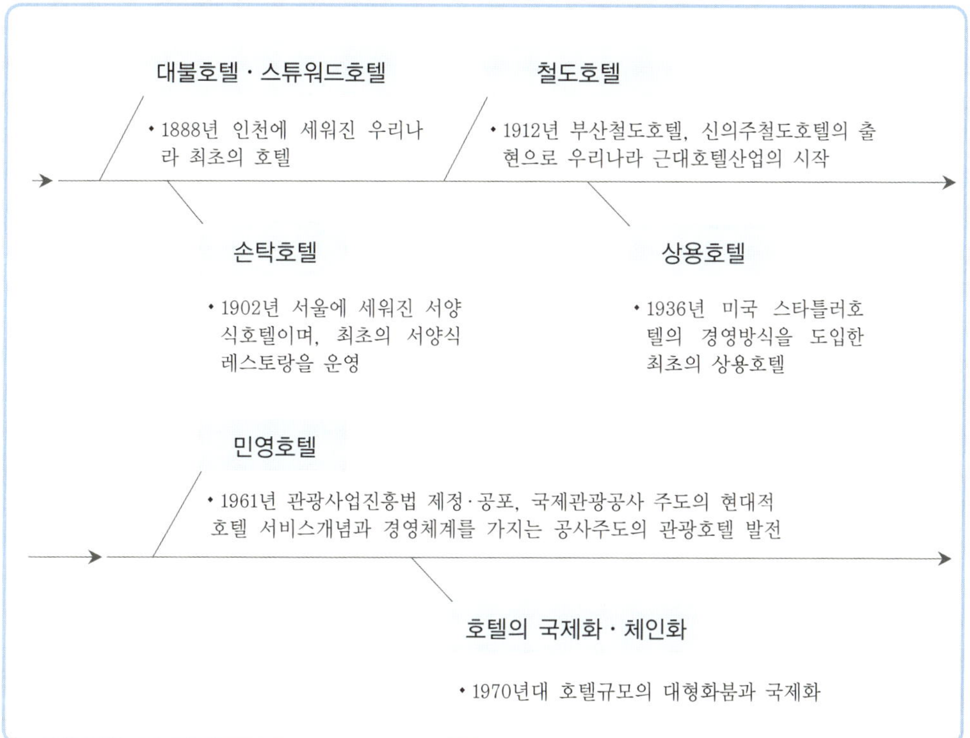

[그림 2-2] 우리나라 호텔산업의 발달과정

용어해설

Accommodation: 체재장소 또는 숙박시설이라는 의미이다.

Bardishe Hof: Hof는 건물 등에 둘러싸인 장소 또는 광대한 저택을 의미하는데, 과거 숙박시설이 Inn에서 Hotel로 발전하는 과정에서 과도기적인 명칭으로 쓰여졌던 호텔이다.

Cesar Ritz: 19C 말 고급호텔의 창시자이며, 프랜차이징 형식의 체인경영을 최초로 시도하였다.

Chain Hotel System: 복수의 숙박시설이 하나의 그룹으로 형성하여 운영될 때 그것을 체인호텔이라 부르며, 일반적으로 3개 이상일 때 체인이라고 하고 있다.

E. M. Statler: 근대호텔산업의 효시인 최초의 상용호텔을 1908년에 뉴욕주 버펄로에 개관하였다. 버펄로 스타틀러호텔은 현대 호텔산업의 근간이 되는 시설과 서비스를, 그리고 상용 여행자들에게 적절한 가격과 안락함, 합리적인 서비스 및 청결을 제공하였다.

Kemmos Wilson: Holiday Inns의 설립자이며, Holiday Inns 브랜드 프랜차이즈 및 전국 예약 네트워크 개설을 통하여 1950년 및 '60년대에 프랜차이징을 통한 호텔산업화에 상당한 기여를 한 인물이다.

Motel: 자동차 여행자들이 머무는 숙박시설로, 주로 고속도로 주변에 위치하고 있으며, 특징은 예약 없이 투숙할 수 있으며, 그리고 고객의 셀프서비스를 원칙으로 하기 때문에 요금이 저렴하며, 편리한 주차시설을 구비하고 있다.

Resort Hotel: 휴양지 호텔로 보양, 휴양 또는 레크리에이션을 목적으로 한 호텔로, 해안이나 경치 좋은 곳에 있는 호텔을 일컫는다.

Tremont House: 1892년 170개의 객실을 갖춘 최초의 현대식 호텔로서 보스톤에 세워졌다. 이 호텔을 가리켜 근대 호텔산업의 원조라고 부르면서, 미국과 유럽에 있어 동시대의 새로운 호텔경영의 이정표를 제시한 호텔이다.

Youth Hostel: 청소년을 위한 저렴한 숙박시설로 1909년 독일의 알테나에서 초등학교 교사인 쉬르만(Schirman)에 의해 시작되어 오늘날 전세계적으로 보급되어 있다.

철도호텔: 일제 강점기 하에서 철도국이 외국인들의 편의를 도모하고자 주요 철도역을 중심으로 철도호텔들을 설립하였다. 대표적인 호텔을 살펴보면 1912년에 부산과 신의주에 철도호텔이, 1914년 서울 철도호텔(현 조선호텔)이, 그리고 1925년에는 평양 철도호텔이 순차적으로 개관되었다.

참고문헌

박대환 외 3인, 호텔경영관리론, 도서출판 대명, 2007.

송성인 · 김영식, 호텔경영학, 새로미, 2007.

오정환, 호텔관광사연구, 가산출판사, 2002.

원융희 · 윤기열, 최신호텔경영론, 대왕사, 2004.

이순구 · 박미선, 호텔경영의 이해, 대왕사, 2008.

차기술 · 윤세목, 호텔경영학원론, 현학사, 2006.

서울 육백년사: http://seoul600.visitseoul.net

Angelo, Rocco M. & Andrew N. Vladimir, *An introduction to hospitality today*. MI: the Educational Institute of the American Hotel & Motel Association, 1994.

CHAPTER 03 호텔기업의 이해

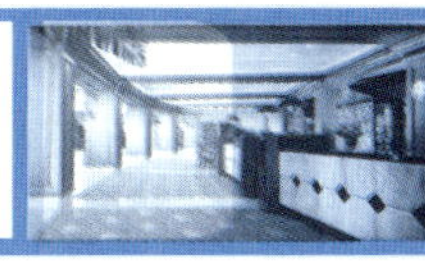

제1절 호텔의 개념

호텔의 개념을 웹스터사전(Webster Dictionary)에서는 "객실과 식사를 갖추고 대중을 위하여 봉사하는 건물 또는 공공단체(Webster defines a hotel as a building or institution providing lodging, meals and service for the public)" 라고 정의하고 있으며, 옥스퍼드사전(Oxford English Dictionary)에서는 "여행자를 위하여 객실과 식사를 제공하는 건물(a building where meals and rooms are provided for travelers)"이라고 정의하고 있다. 이와 같이 과거 호텔의 개념은 집을 떠나 여행을 하는 여행객에게 기본적인 숙박과 식사를 제공하고 생명과 재산을 보호하는 장소적인 기능으로 정의되었다.

그러나 오늘날 호텔은 기본적인 숙식제공은 물론 여가 · 오락 · 휴식 · 문화 · 건강 등의 다양한 기능을 가지는 지역 공공시설로서의 성격까지 지니고 있다. 런드버그(Lundberg)는 호텔을 "여행객이나 지역사회의 이용자들에게 숙박 · 식음료 · 회의 · 오락 등의 문화시설과 서비스를 상품으로 제공하는 복합적 서비스 기업"이라고 정의하였다. 쿤즈(Kunz)는 "여행객의 다양한 욕구에 부응하기 위하여 여행객이 요구하는 조건이나 설비 · 인테리어 · 건물 등의 환대시설을 갖춘 숙박업"으로 정의하고 있다. 따라서 호텔의 개념을 과거에는 숙박과 음식을 제공하는 시설로만 인식하였는데, 오늘날 호텔의 개념은 단순히 숙박과 음식을 제공하는 영리목적의 시설로서만이 아니라 사회공공에 기여하는 하나의 공익사업의 성격을 갖춘 동시에, 다수의 일반대중을 대상으로 운영하는 복합적인 성격을 갖는 기업이라고 할 수 있다.

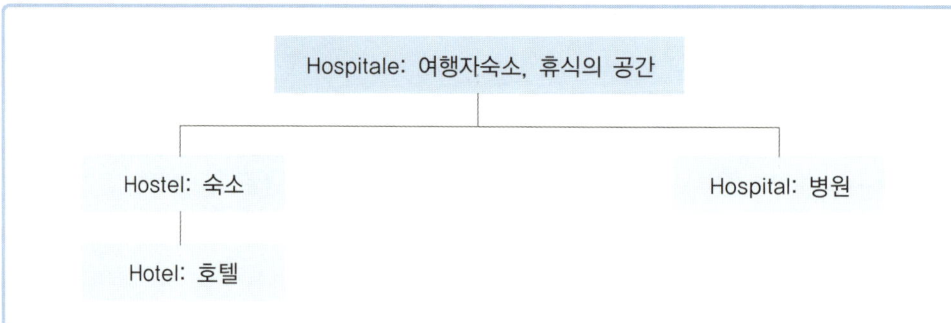

[그림 3-1] **호텔의 어원**

제2절 호텔의 기능

초기 호텔은 숙박기능을 중심으로 운영되었으나, 현대의 호텔은 그 기능이 보다 다양화·다기능화 되어가고 있는 추세이다. 이러한 양상은 특히 식음료, 연회부분에서 두드러지는데, 국제 규모의 회의로부터 회갑연, 생일잔치, 친목회 등의 행사가 호텔에서 치러지고 있을 뿐만 아니라, 근래에는 스포츠, 쇼핑, 전시회, 놀이공간 등의 기능까지 가지고 있다.

이와 같이 오늘날의 호텔은 과거의 개념과는 달리 숙식과 휴식, 오락은 물론 여가와 문화생활 그리고 사업활동까지 할 수 있는 공간으로써 그 역할을 수행하고 있다.

오늘날 현대인들이 호텔을 찾는 것은 취침이나 단순한 식사해결을 위한 목적이라기보다는 도리어 부차적인 호텔기능인 휴식, 오락, 사교, 사업편의, 교육적 목적

등으로 찾는 경우가 많아 호텔이 지역사회의 사회·문화적인 중심역할을 담당하고 있다. 또한 호텔을 찾는 고객들의 욕구는 다양화되어지고 개성화되어져서 호텔 기본기능 시설만을 가지고는 시대적인 고객욕구를 충족시켜 줄 수 없다. 그러므로 고객지향적 마케팅을 표방하는 현대기업으로서의 호텔기업은 시대적인 욕구변화를 인식하고, 차원 높은 식음료서비스 시설을 비롯한 다양한 연회시설, 회의장, 운동·오락시설, 제반 정보서비스 시설, 건전한 사교시설 등 다양하게 부대사업시설을 확장하지 않을 수 없게 되었다.

현대호텔의 역할과 기능	·종합문화공간 ·도시정보화빌딩 ·복합형 서비스산업	·숙박/식음료서비스 제공 ·집회장소 ·휴식장소 ·전시회/쇼핑장소 ·스포츠/오락장소 ·비즈니스서비스 제공 ·사교장소 ·사회/교육적 장소

[그림 3-2] **현대호텔의 기능**

제3절 호텔기업의 특성

현대의 호텔은 사회적·문화적 역할과 공익적 서비스 제공을 위한 고객의 활동공간으로서의 기능을 중시하게 됨에 따라 숙박 및 식음료를 제공할 수 있는 시설 이외에도 스포츠, 레크리에이션, 레저 및 회의장, 전시장, 연회장과 같은 부대시설을 갖추고 있으며, 심지어 쇼핑시설, 놀이시설 등과의 연계까지도 추진하고 있다. 따라서 현대의 호텔은 종합적인 서비스를 판매하는 생활의 공간으로 보다 포괄적인 정의를 내리는 것이 타당할 것이다. 이처럼 종합적인 서비스를 판매하는 다기능적인 호텔기업은 다음과 같은 여러 가지 특성들을 가지고 있다.

1. 상품상의 특성

첫째, 노동집약적이다. 호텔은 인적서비스 의존도가 높은 노동집약적인 서비스 산업의 하나로, 이는 기계화·자동화의 한계로 인적서비스를 지속적으로 투입해야만이 생산이 가능하기 때문이다. 이와 같은 호텔서비스 품질은 서비스 제공자에 의하여 크게 좌우되며, 생산과정의 잠재적 변동성이 많아 서비스 생산의 일관성 유지가 어려우며, 동일한 서비스품질의 유지가 곤란하다.

둘째, 호텔서비스의 생산과 소비과정에 고객의 참여를 필요로 한다. 호텔서비스는 생산과 소비의 동시성으로 서비스 제공자와 고객이 함께 서비스과정에 참여하는 상호작용에 의하여 서비스생산과 소비가 이루어진다. 따라서 고객이 서비스 제공과정에 참여하여 만족을 갖도록 하기 위해서는 서비스 제공자, 상품, 시설, 시간, 공간 내의 다른 고객 등과 같은 제반환경이 고객지향적 관점에서 관리되고 운영되어야 한다.

셋째, 서비스의 품질에 대한 측정이 곤란하다. 호텔서비스는 서비스 제공자로부터 서비스를 제공받기 전에는 물적 재화보다 상대적으로 그 품질을 측정하기가 매우 곤란하다. 또한 동일한 서비스 제공자에 의해 생산되는 동일한 서비스 내용도 품질표준의 일관성이 유지되기 어렵고, 동일한 고객에게 똑같은 내용의 서비스가 제공된다고 할지라도 제공시점에 따라 또는 고객의 주관적인 기준에 따라 서비스를 지각하기 때문에 서비스품질의 평가는 다르게 나타날 수 있다. 따라서 호텔서비스를 계량적으로 측정한다는 것은 매우 어려운 일이다.

넷째, 무형적 상품이다. 호텔서비스는 인적서비스와 물적서비스의 결합체로서 궁극적으로는 고객에게 행복감을 제공하는 것이다. 이러한 무형적 서비스는 일반

제품과 같이 윤곽이 뚜렷하지 않기 때문에 관리자의 주관이나 서비스 제공자의 융통성이 개입될 가능성이 크다. 그리고 호텔의 인적서비스에 대한 고객의 평가는 종사원이 고객을 영접할 때부터 환송할 때까지의 전체 과정에서 이루어지므로, 서비스 제공자나 서비스 기관의 명성이 고객의 서비스 지각에 큰 영향을 미칠 수 있다. 그러나 호텔기업의 인적서비스는 상품의 가치를 결정짓는 데 가장 결정적 역할을 하는 반면에, 일반제조업과는 달리 '기계화 내지 자동화가 곤란하다'는 점이 경영의 효과성을 증대시키는데 한계점을 갖고 있다.

다섯째, 생산과 소비가 동시에 이루어진다. 호텔서비스는 고객이 생산현장인 호텔에 와서 직접 주문을 하면 그 주문에 의해 생산이 되고 생산현장에서 즉시 소비가 이루어지는 상품이다. 따라서 호텔서비스는 주문상품이 제공될 때까지의 소요시간이 적절하고 일관성 있게 유지·관리되어야 한다. 만약 고객 자신이 정서적·주관적 판단의 기준에 따라 지각하는 시간 이상을 경과하여 서비스가 제공되면 호텔서비스는 불만족스러운 것으로 인식될 수 있다.

여섯째, 비저장성 상품이다. 고객의 주문에 의하여 생산이 되고, 판매시간 및 공간이 제한되고, 당일에 판매되지 못한 상품은 일반상품과 같이 재고상품으로서의 저장이 불가능하다.

일곱째, 비이농성 상품이다. 호텔이 제공하는 주된 상품인 객실, 식음료, 그 밖에 시설을 통한 서비스는 고객이 반드시 호텔이 있는 곳으로 이동해 올 때만이 거래가 성립된다.

여덟째, 계절에 따른 수요의 변동이 심하다. 우리나라는 사계절이 뚜렷하게 구별되는 특성으로 호텔산업의 판매성향은 성수기와 비수기가 구분된다. 즉 호텔서비스는 계절, 요일, 하루 중의 시간에 따라 수요의 변화가 크기 때문에 수요를 평준화하고 촉진시키는 방법으로 차등요금을 적용시키거나 동시화 마케팅을 적용한다.

2. 시설상의 특성

첫째, 시설이 조기에 진부화되거나 노후화된다. 호텔영업의 수준은 고객의 회전율로 평가될 만큼 건물과 시설의 이용빈도가 경영성패를 좌우한다고 볼 수 있다. 회전율이 높거나 이용빈도가 많다는 것은 호텔영업의 성공을 의미하지만, 여기에는 건물과 시설의 조기노후화가 수반된다. 품격 높은 서비스 제공은 호텔의 생명과 같은 것으로서 일정수준 이상의 건물과 시설상태를 유지하기 위하여 많은 노력이 필요하다. 뿐만 아니라 유행에 민감하여 시설에 대한 진부화 속도 또한 일반기업에 비하여 상대적으로 빠른 편이므로 끊임없는 개선이 필요하다.

둘째, 공공장소를 필연적으로 갖추어야 한다. 호텔은 수익공간과 비수익 공간이 공존하는 구조를 갖는다. 호텔에 있어서 공공장소 등 비수익 부분은 보조적이고 잠재적 수익공간으로 미래의 수익을 창출하기 위한 필연적인 공간으로서의 성격을 갖는다.

3. 운영상의 특성

첫째, 인적서비스에 대한 의존도가 높다. 호텔은 전형적인 인적서비스에 의존하는 노동집약적 사업으로 호텔의 운영은 고정시설을 바탕으로 한 인적서비스의 제공으로 유지된다. 따라서 초기투자와 더불어 종사원의 서비스 관리에 대한 중요성이 높다.

둘째, 고정자산에 대한 의존도가 높다. 호텔의 고정자산비율은 통상 70~80%에 달하고 있으며, 모든 영업활동이 고정자산을 바탕으로 한 인적서비스의 제공을 위주로 하여 운영된다.

셋째, 수요공급관계에 대한 탄력성이 낮다. 식음료부문은 예외이나 호텔상품이 갖는 소멸성, 즉 보관이 불가능하다는 사실은 수요에 대한 공급의 탄력적 운용을 어렵게 한다. 호텔이 제공할 수 있는 공급은 한정되어 있으므로, 수요의 변화에 대한 무한공급은 현실적으로 불가능하다.

넷째, 연중무휴의 영업을 한다. 호텔은 24시간 생활기능을 상품으로 판매하므로 연중무휴의 영업을 하게 된다. 따라서 여기에 따르는 종사원관리와 시간대별 적정 서비스 제공이 중요한 운영상의 문제가 된다.

다섯째, 정치·경제의 변동에 민감하다. 호텔산업은 국제사회의 정치·경제의 변동에 민감한 영향을 받는다. 어느 산업을 막론하고 정치·경제의 변동에 영향을 받고 있지만, 호텔산업은 타 산업에 비해 정치·경제에 대한 민감도가 월등히 높다는 특징이 있다.

4. 투자상의 특성

첫째, 고정자산의 투자비율이 높다. 전술한 바와 같이 오늘날 호텔의 고정자산 비율은 70~80%에 달하고 있다. 이것은 호텔시설 자체가 상품이라는 특수성에 기인하는 것으로 볼 수 있기 때문이다.

둘째, 초기 투자비율이 높다. 호텔은 고정자산에 대한 투자비율이 높으며, 대부분 고정자산에 대한 투자결정은 호텔 건립시 이미 결정된다. 이것은 시설 자체가 상품성을 갖기 때문에 사업 초기의 자본투자 비율이 높게 된다.

셋째, 장기투자의 성격을 갖는다. 호텔 자본에 대한 회수기간은 20~30년 이상 소요된다. 이것은 고가의 시설, 초기 거액투자, 격화된 경쟁 등으로 투자회수기간이 계속 늘어나고 있어 장기투자를 요하는 사업으로 변모해 가고 있다.

넷째, 거액투자를 필요로 한다. 호텔의 대형화·다기능화·복합화 등의 추세에 따라 점진적으로 거액투자를 필요로 하고 있다.

5. 비용상의 특성

첫째, 종사원에 대한 의존도가 높아 노무비의 비중이 높다. 호텔은 인적서비스의 역할을 기계화할 수 없는 어려움으로, 다른 일반제조업에서는 기계화 및 자동화로 원가절감을 통한 수익성 향상이 가능하지만, 호텔은 고객이 질적인 만족을 원할수록 고급인력을 충원하여야 하기 때문에 노무비의 부담은 계속 증가할 것으로 판단된다.

둘째, 객실부문은 거의 매출원가를 수반하지 않기 때문에 객실매출액의 수익성 공헌도가 높다. 숙박서비스는 객실상품이 이미 만들어져 있기 때문에 고객을 숙박시킬 때마다 들어가는 비용은 거의 없다. 따라서 객실매출은 손익 균형점을 초과했을 때 그 초과분은 대부분 순이익으로 고려할 수 있다.

셋째, 시설의 조기 진부화 및 노후화에 따라 필요 이상의 개·보수비용이 지출된다. 호텔의 시설은 고객의 이용 여부에 상관없이 계속 훼손·마모됨으로써 결과적으로 경제적 가치 내지 상품으로서의 효용가치 상실에 따른 수익성 저하를 예방하기 위한 주기적인 개·보수가 요구되고 있다. 따라서 시설 개·보수비용 적립금의 규모와 개·보수를 위한 필요기간의 산정이 수익성에 영향을 줄 수 있다.

넷째, 비생산적인 공공장소의 필연성으로 수익창출면적이 줄어들어 간접비용이 증가하고 수익성이 감소된다. 수익창출 면에서 비생산적 공간인 로비나 조경 등은 비싼 지대 및 건축시설비를 감안했을 때 만들 필요가 없으나, 호텔시설 자체가 상품성을 갖기 때문에 더 좋은 상품으로 포장하기 위해서는 필수 불가결한 것으로, 그만큼 수익창출 면적이 줄어들게 되어 수익성을 감소시키는 요인이 되고 있다.

다섯째, 일시적 초기투자가 높아 금융비용의 지출이 많다. 호텔의 기본적인 상품은 곧 시설이다. 다른 일반제조업은 연차적으로 확장·재투자할 수 있으나, 호텔시설은 그 시설 자체가 상품으로서 판매가 되어야 하기 때문에 부분적·연차적인 투자는 사실상 불가능하다.

여섯째, 고정자산의 구성비율이 높음에 따라 자본회전율이 낮다. 일반적으로 기업은 건물이나 시설과 같은 고정자산보다는 상품이나 현금과 같은 유동자산의 비중이 높다. 그러나 호텔은 건물이나 시설의 비중이 총 투자액의 70~80%가 되어 상대적으로 유동자산의 활용도가 낮아 자본의 회전속도에 대한 이익률이 낮다.

일곱째, 높은 고정비의 지출로 손익분기점이 높다. 고정자산의 구성비가 높고 호텔상품의 특성상 수백 개의 객실에 단 한 사람의 고객이 투숙해도 전기·수도·난방을 가동시켜야 하며, 서비스요원, 안전관리요원 등이 모두 근무해야 한다. 따라서 감가상각비·노무비 등 고정비적 성격의 비용지출이 일반기업에 비하여 상대적으로 많아 손익분기점이 높다.

〈표 3-1〉 **호텔기업의 특성**

호텔기업의 특성	구분	내용
호텔기업의 특성	상품상의 특성	· 노동집약적 서비스산업이다. · 호텔서비스의 생산과 소비과정에 고객의 참여를 필요로 한다. · 호텔서비스 품질에 대한 측정이 곤란하다. · 무형적인 상품이다. · 생산과 소비가 동시에 이루어진다. · 비저장성 상품이다. · 비이동성 상품이다. · 성수기와 비수기가 있어 수요의 변동이 심하다.
	시설상의 특성	· 시설의 조기 진부화나 노후화가 이루어진다. · 비수익 공간을 필연적으로 확보해야 한다.
	운영상의 특성	· 인적서비스에 대한 의존도가 높다. · 고정자산에 대한 의존도가 높다. · 수요공급 관계의 탄력성이 낮다. · 연중무휴의 영업을 한다. · 외부환경의 변화에 민감하다.
	투자상의 특성	· 고정자산의 투자비율이 높다. · 장기투자의 성격을 갖는다. · 일시투자규모가 크다.
	비용상의 특성	· 종사원 의존도가 높아 노무비의 비중이 높다. · 객실매출의 수익성 공헌도가 높다. · 시설의 조기 진부화·노후화에 따른 개·보수비용이 많다. · 비생산적 공공장소의 필연성으로 간접비용이 증가한다. · 고정자산의 비율이 높아 자본회전율이 낮다. · 많은 고정비의 지출로 손익분기점이 높다.

제4절 호텔기업의 경영형태

1. 개별경영 호텔(Independent Hotel)

소유주가 직접 투자하여 소유주가 단독으로 소유 및 운영해 나가는 호텔을 의미한다. 다른 체인호텔에 비해 의사결정이나 경영방침에 있어 간섭이나 규제를 받지 않고 자유롭게 경영을 하는 방식이다. 이런 형태의 호텔은 호텔기업의 성장과정에 있어서 초기 단계에 흔히 볼 수 있는 것으로서, 그 규모가 소규모 호텔인 중소기업 형태가 대부분이다.

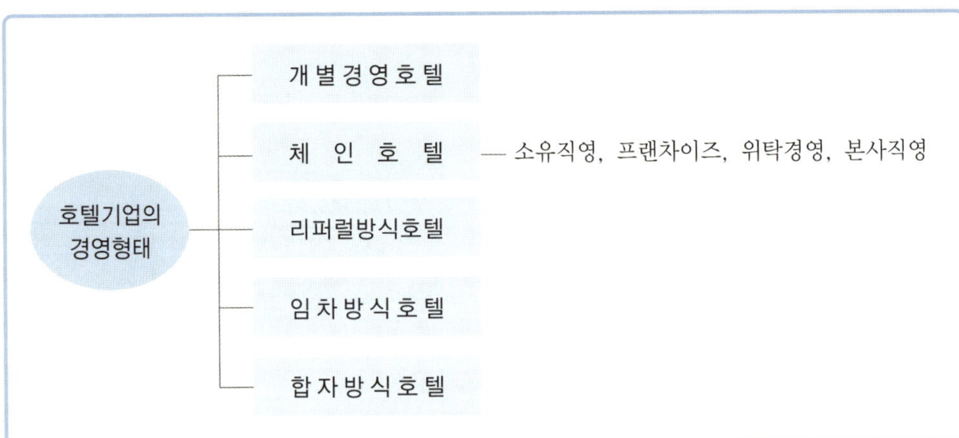

[그림 3-3] 호텔기업의 경영형태

2. 체인호텔(Chain Hotel)

체인호텔이란 여러 개의 호텔들이 하나의 그룹으로 형성되어 서로 직·간접적

관계를 유지하며 운영되는 호텔집단을 의미한다. 일반적으로 호텔기업이 체인화를 통하여 기업의 규모를 확대하는 방법에는 다음과 같다.

1) 소유직영(Chain Operation)

호텔기업을 직접 소유함으로써 규모를 확대해 나가는 방법이다. 이는 개별호텔기업이 스스로 이윤을 축적하여 자력으로 호텔들을 하나씩 설립 및 구매하고, 경영진을 파견하여 직접 경영하면서 그 규모를 확대하는 방식이다.

2) 프랜차이징(Franchising)

호텔 프랜차이즈는 기본적으로 호텔 체인본사(franchisor)와 호텔 소유주(franchisee)와의 계약으로서, 체인본사가 가맹호텔에게 자신들의 고유시스템과 경영의 노하우, 입지선정, 광고 및 홍보, 상표 및 로고대여, 종사원들의 교육 및 훈련, 판매전략 등 경영의 전반적인 부분에 대하여 지도와 자문을 제공하고, 그에 대하여 가맹호텔은 일정한 수수료(loyalty)를 지급해야 한다. 즉 프랜차이즈 경영은 가맹호텔이 모회사로부터 전문화된 경영과 기술용역, 그리고 경영자문을 받으면서 운영되지만, 기업의 소유와 경영의 독립성은 유지되는 경영형태이다.

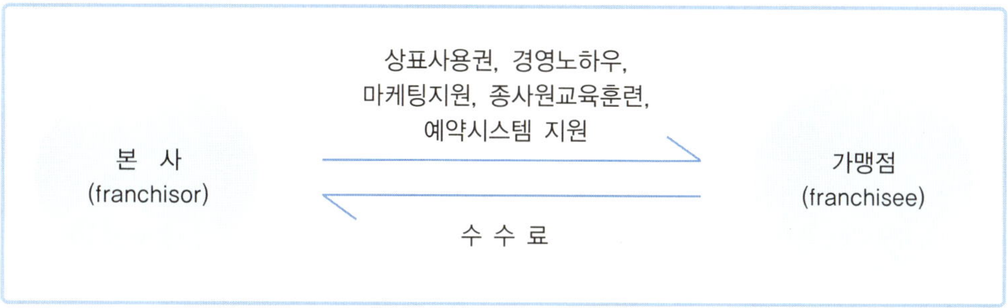

[그림 3-4] 프랜차이즈 호텔의 경영계약

3) 경영계약(Management Contract)

경영계약이란 호텔의 소유주(owner)측이 호텔경영을 전문적으로 수행하는 대규모 체인호텔(operator)에게 호텔경영을 일정기간 의뢰하는 것으로서, 호텔체인본부는 그 운영의 대가로 호텔 소유주(owner)와 합의한 일정한 보상을 제공받는다.

경영의 노하우를 가지고 있는 체인본부호텔은 계약을 통해 가맹호텔에게 인력지원과 모든 부수적인 부분에 있어서의 지원을 해주기 때문에 계약기간 동안 가맹호텔은 자연적으로 훈련되고 교육받게 된다.

3. 임차방식 호텔(Leased Hotel)

토지 및 건물의 투자에 대한 자금조달 능력을 갖추지 못한 호텔기업이 제3자의 건물을 계약에 의해서 임대하여 호텔사업을 운영하는 경우이다. 임대차경영의 장점으로 호텔기업 측면에서는 과다한 호텔건설 비용을 들이지 않고 제3자의 건물을 임대하여 호텔경영을 할 수 있는 장점을 가지고 있으며, 건물소유주의 입장에서는 영업실적에 관계없이 고정된 임대료 수입을 보장받는 장점이 있다.

4. 리퍼럴방식 호텔(Referral Hotel)

중·소규모의 독립호텔들이 대규모 체인호텔들과 경쟁하기 위하여 타 지역에 있는 호텔들과 공동선전, 공동판매, 공동예약망 구축, 공동마케팅전략 등을 통하여 동업자적 경영방식으로 운영되는 호텔이다. 각 호텔들은 공동의 상호아래 공동기금을 축적하여 공동으로 판촉활동과 예약서비스 등을 추진하나, 각 호텔은 단독경영권을 유지하며 개별의 특성과 소유권을 침해받지 않으면서 이익을 창출해내는 것이다.

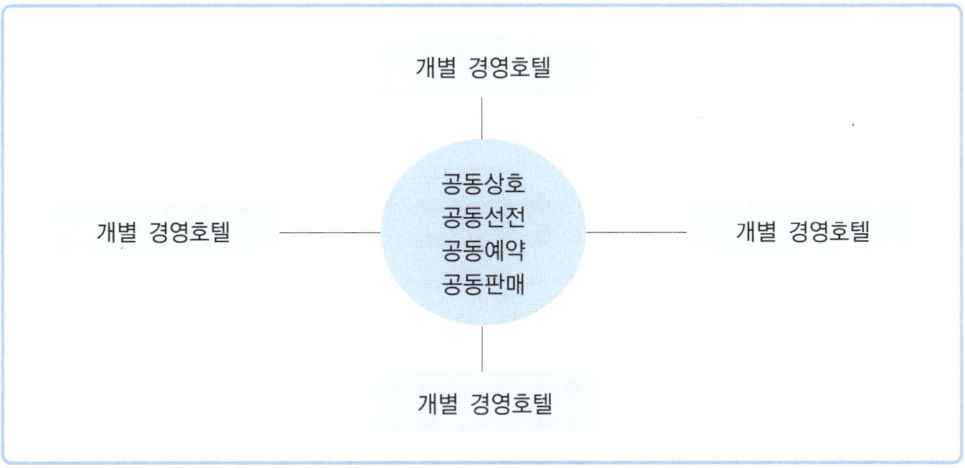

[그림 3-5] 리퍼럴 호텔의 경영방식

5. 합자방식 호텔(Joint Venture Hotel)

자본의 제휴를 통하여 호텔을 설립하고 운영하는 방식을 말한다. 일반적으로 합작호텔이라고 말하며, 이것은 각각의 일정지분 자본이 투자된 호텔이다.

제5절 호텔의 분류

호텔의 분류는 여러 가지 기준에 따라서 나누어질 수 있으나, 일반적으로 호텔을 분류할 때는 객실의 규모, 지리적 위치, 체재목적, 숙박기간, 숙박시설형태, 요금지급방식, 호텔등급 등에 따라 구분할 수 있다.

1. 법규에 따른 분류

「관광진흥법」 제3조 제1항 2호에서는 관광숙박업을 호텔업과 휴양콘도미니엄업으로 분류하고, 호텔업의 종류는 「관광진흥법 시행령」 제2조 제1항 2호에 의거하여 관광호텔업 · 수상관광호텔업 · 한국전통호텔업 · 가족호텔업으로 나누고 있다.

1) 호텔업

(1) 관광호텔업

관광객의 숙박에 적합한 시설을 갖추어 관광객에게 이용하게 하고 숙박에 딸린 음식 · 운동 · 오락 · 휴양 · 공연 또는 연수에 적합한 시설 등을 함께 갖추어 관광객에게 이용하게 하는 업이다. 이러한 관광호텔업은 등급기준에 따라 특1등급 · 특2등급 · 1등급 · 2등급 · 3등급 등 5등급으로 분류하고 있다.

(2) 수상관광호텔업

수상에 구조물 또는 선박을 고정하거나 매어 놓고 관광객의 숙박에 적합한 시설을 갖추거나 부대시설을 함께 갖추어 관광객에게 이용하게 하는 업이다. 수려한 해상경관을 볼 수 있도록 해상에 구조물이나 선박을 개조하여 설치한 숙박시설을 말하는 것으로 주로 노후 선박을 개조하여 이용한다.

(3) 한국전통호텔업

한국전통의 건축물에 관광객의 숙박에 적합한 시설을 갖추거나 부대시설을 함께 갖추어 관광객에게 이용하게 하는 업이다. 이는 한국 고유의 전통양식에 한국적 분위기를 느낄 수 있는 객실과 정원을 갖추고 한국전통요리를 제공하도록 하는 것이 한국전통호텔업이다.

(4) 가족호텔업

가족단위 관광객의 숙박에 적합한 시설 및 취사도구를 갖추어 관광객에게 이용하게 하거나 숙박에 딸린 음식·운동·휴양 또는 연수에 적합한 시설을 함께 갖추어 관광객에게 이용하게 하는 업이다. 가족단위의 관광객 수요가 증가함에 따라 국민복지 관광차원에서 저렴한 비용으로 건전한 가족관광을 영위할 수 있도록 하기 위하여 가족호텔 내에 취사장과 운동·오락시설 및 위생시설을 겸비하도록 하고 있다.

2) 휴양콘도미니엄업

관광객의 숙박과 취사에 적합한 시설을 갖추어 이를 그 시설의 회원이나 공유자, 그 밖의 관광객에게 제공하거나 숙박에 딸리는 음식·운동·오락·휴양·공연 또는 연수에 적합한 시설 등을 함께 갖추어 이를 이용하게 하는 업을 말한다.

휴양콘도미니엄의 특성은 주택·별장·호텔·방갈로 등의 기능을 복합시킨 숙박시설이라고 볼 수 있다. 휴양콘도미니엄은 1982년 12월 31일부터 관광진흥법상의 관광숙박업으로 신설됨으로써 주로 관광휴양지나 관광명소에 건립되었다. 이용은 공동소유수(회원) 위주로 되고 있으며, 비수기에는 비소유자도 일반요금을 내고 이용이 가능하다. 휴양콘도미니엄은 숙박기능과 종합휴양 및 레저기능을 가지고 있으며, 또한 자체적 숙식과 가족 레크리에이션을 통한 자연스런 분위기를 가질 수 있어 제2의 가정역할을 하고 있다.

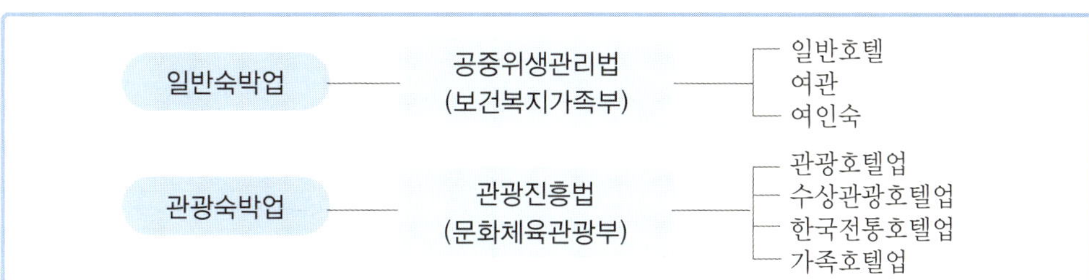

[그림 3-6] 우리나라 숙박업의 체계

〈표 3-2〉 국내 관광숙박업의 등록기준

구 분		등 록 기 준
호텔업	관광호텔업	· 욕실 또는 샤워시설을 갖춘 객실이 30실 이상일 것 · 외국인에게 서비스 제공이 가능한 체제를 갖추고 있을 것 · 대지 및 건물의 소유권 또는 사용권을 확보하고 있을 것. 다만, 회원을 모집하는 경우에는 소유권을 확보하여야 함
	수상관광 호텔업	· 수상관광호텔이 위치하는 수면은 공유수면관리법 또는 하천법에 따라 관리청으로부터 점용 허가를 받을 것 · 욕실 또는 샤워시설을 갖춘 객실이 30실 이상일 것 · 외국인에게 서비스 제공이 가능한 체제를 갖추고 있을 것 · 수상오염을 방지하기 위한 오수 저장·처리시설 및 폐기물처리시설을 갖추고 있을 것 · 구조물 및 선박의 소유권 또는 사용권이 있을 것. 다만, 회원을 모집하는 경우에는 소유권을 확보하여야 함
	한국전통 호텔업	· 건축물의 외관은 전통가옥의 형태를 갖추고 있을 것 · 이용자의 불편이 없도록 욕실 또는 샤워시설을 갖추고 있을 것 · 외국인에게 서비스 제공이 가능한 체제를 갖추고 있을 것 · 대지 및 건물의 소유권 또는 사용권을 확보하고 있을 것. 다만, 회원을 모집하는 경우에는 소유권을 확보하여야 함
	가족호텔업	· 가족단위의 관광객이 이용할 수 있는 취사시설이 객실별로 설치되어 있거나 층별로 공동취사장이 설치되어 있을 것 · 욕실 또는 샤워시설을 갖춘 객실이 30실 이상일 것 · 객실별 면적이 19㎡ 이상일 것 · 외국인에게 서비스 제공이 가능한 체제를 갖추고 있을 것 · 대지 및 건물의 소유권 또는 사용권이 있을 것(다만, 회원을 모집하는 경우에는 소유권이 있어야 한다)
휴양콘도미니엄	객 실	· 같은 단지 안에 객실이 50실 이상일 것 · 관광객의 취사·체재 및 숙박에 필요한 설비를 갖추고 있을 것
	매점 등	· 매점이나 간이매장이 있을 것. 다만, 여러 개의 동으로 단지를 구성할 경우에는 공동으로 설치할 수 있다.
	문화체육공간	· 공연장, 전시관, 미술관, 박물관, 수영장, 테니스장, 축구장, 농구장, 그 밖에 관광객이 이용하기 적합한 문화체육공간을 1개소 이상 갖출 것. 다만, 수 개의 동으로 단지를 구성할 경우에는 공동으로 설치할 수 있으며, 관광지·관광단지 또는 종합휴양업의 시설 안에 있는 휴양콘도미니엄의 경우에는 이를 설치하지 아니할 수 있다.
	대지소유권 등	· 대지 및 건물의 소유권 또는 사용권을 확보하고 있을 것. 다만, 분양 또는 회원을 모집하는 경우에는 소유권을 확보해야 한다.

2. 등급제도에 의한 분류

호텔업은 관광숙박업 중에서도 가장 주된 업종이고, 국내외 관광객이 가장 많이 이용할 뿐만 아니라 관광숙박업 전체의 서비스 수준유지에 큰 영향을 미치는 업종이다. 이러한 취지에서 문화체육관광부장관은 관광숙박시설이용자의 편의를 도모하고, 시설 및 서비스의 수준을 효율적으로 유지·관리하기 위하여 관광숙박업에 대한 등급을 정할 수 있도록 규정하고 있다. 등급은 호텔의 시설과 서비스로 결정되며, 각종 요금과 가격을 해당 등급수준에 맞도록 유지·관리하게 하여 이용자로 하여금 자기의 경제적 능력 및 기호에 따라 선택적으로 이용할 수 있는 이점을 제공한다.

등급을 결정해야 할 대상업종은 호텔업에 한한다. 그러므로 관광호텔업, 수상관광호텔업, 한국전통호텔업 및 가족호텔업이 모두 등급결정대상 호텔업이다. 그리고 호텔의 등급은 특1등급, 특2등급, 1등급, 2등급, 3등급 등 5등급으로 나누고 있다. 호텔의 등급표시 형식과 등급결정은 각 나라마다 차이가 있다. 예를 들어, 유럽에서는 별의 수로 등급을 표시하는 호텔이 있고, 미국의 경우에는 별 또는 다이아몬드로 등급을 표시하며, 한국은 무궁화로 등급을 표시한다. 현재, 호텔업의 등급결정은 문화체육관광부장관의 권한이나, 호텔업의 자율성을 제고하기 위하여 일정한 요건을 갖춘 법인 중 문화체육관광부장관에게 등록한 법인에게 위탁하고 있다. 이 경우 문화체육관광부장관은 등급결정권을 위탁한 법인의 명칭·주소 및 대표자 등을 고시하여야 한다(관광진흥법 제80조 3항, 동법 시행령 제66조). 다만, 「제주특별자치도 설치 및 국제자유도시 조성을 위한 특별법」의 규정에 따라 제주특별자치도는 도지사가 호텔등급을 결정하고, 등급에 필요사항은 도조례로 정할 수 있기 때문에, 제주특별자치도에 위치하고 있는 호텔의 등급결정은 「관광진흥법」의 적용을 받지 않는다.

국내 호텔등급평가의 영역은 1) 서비스상태, 2) 건축·설비·주차시설, 3) 전기·통신시설, 4) 소방·안전상태, 5) 소비자 만족도 등으로 구성되며, 각 분야의 전문가로 평가단을 구성하여 현지조사를 통하여 신청호텔의 각 평가항목에 대한 평가를 하게 된다. 각 등급은 무궁화 개수로 구분하는데, 특등급의 경우 무궁화 5개(특1등급은 바탕이 금색, 특2등급은 바탕색이 녹색)를 부여하고 있으며, 1등급은 4개, 2등급은 3개, 3등급은 2개를 부여하고 있다.

〈표 3-3〉 **호텔업의 등급평가 항목 및 배점**

등급평가 항목	배점
현관·로비·복도 부문	150
객실부문	230
식당 및 주방부문	160
부대시설의 관리·운영부문	110
종사원의 복지 및 관광산업에의 기여부문	100
주차시설부문	60
건축 및 설비부문	80
전기 및 통신부문	40
소방 및 안전부문	70
부가점수	가점(70), 감점(-30)

〈표 3-4〉 **호텔업의 등급결정 기준**

구 분	특1등급	특2등급	1등급	2등급	3등급
결정기준 (만점기준)	90% 이상	80% 이상	70% 이상	60% 이상	50% 이상
무궁화수	5개	5개	4개	3개	2개
바탕색깔	금색	녹색	녹색	녹색	녹색
지정자	문화체육관광부장관이 등급결정권을 위탁한 법인				

3. 위치에 따른 분류

1) 도심호텔(Downtown Hotel)

도시의 중심지에 위치한 호텔로서 시티호텔(city hotel)이라고도 한다. 보통 도시의 비즈니스와 쇼핑 등이 원활히 이루어지는 도시의 중심가에 위치하여 교통이 편리할 뿐만 아니라 비즈니스를 위한 다양한 시설을 갖추고 있어 주로 상용목적 또는 도시를 방문하는 관광객들이 주로 이용한다. 그리고 연회장, 전시장, 각종 휴식 오락시설들을 갖추고 있어 도시민들의 사교장소나, 공공장소 등으로도 사용된다. 다른 호텔보다는 식음료 매출이 높고 주중 객실점유율이 주말보다 높은 특성을 가지고 있다.

2) 교외호텔(Suburban Hotel)

교외호텔은 도시를 벗어난 한가한 교외에 위치한 호텔을 말한다. 이는 자동차 공해와 주차장의 문제에서 벗어나 공기 좋고 주차가 편리한 교외호텔로서 가족단위의 이용객이 많아지고 있다. 도심지의 높은 지가와 호텔 부지의 부족현상으로 호텔이 교외로 진출하는 것으로, 비교적 넓은 주차장을 확보하고 있으며, 또한 공기와 경치가 좋은 곳에 위치하고 있기 때문에 가족단위 자동차 여행객의 증가와 더불어 빠른 속도로 증가하고 있다.

3) 컨트리 호텔(Country Hotel)

컨트리 호텔은 교외라기보다는 산간에 위치한 호텔로서 마운틴 호텔(mountain hotel)이라고도 부른다. 특히 스키, 골프, 등산 등의 여가기능을 다할 수 있는 용도의 호텔이라고 말할 수 있다.

4) 에어포트 호텔(Airport Hotel)

공항호텔은 공항근처에 위치하여 항공기의 연결을 기다리는 여행객이나 항공 승무원들이 주로 이용하는 호텔이다. 또한 공항과 도심지 간의 거리가 멀어져, 항공기를 이용하는 여행객 중 시간과 경비를 절약하기 위해 공항근처에 있는 호텔을 이용하는 여행객이 증가하고 있으며, 최근 공항의 대규모화로 공항시설 내 환승호텔도 인기를 끌고 있다.

5) 시포트 호텔(Seaport Hotel)

시포트 호텔은 항구근처에 위치하고 있으며, 선박을 이용하는 여행객이나 선원들이 이용하기에 편리한 호텔이다. 지금은 교통이 편리하여 일반호텔과 특별히 구분되는 것은 없으며, 다만 항구에 인접한 호텔을 말한다.

6) 터미널 호텔(Terminal Hotel)

철도역이나 버스터미널 근처에 위치하고 있는 호텔를 말한다. 유럽에서는 국가간에 철도연결이 잘되어 있어서 철도를 이용하는 여행객이 많아 이들을 위하여 각국의 주요 도시마다 터미널 호텔이 많다. 항공기 이용이 보편화되기 전에는 철도를 많이 이용하였기 때문에 역전호텔이 매우 성행하였다. 우리나라도 1960년대까지는 역전호텔이 매우 성행하였다.

4. 이용목적에 따른 분류

1) 상용호텔(Commercial Hotel)

상용여행자들을 대상으로 운영되는 호텔을 말한다. 상용여행자들은 대부분 자신의 업무가 주로 금융기관, 관공서, 기업체 등과 관련이 깊기 때문에 업무의 편의상

체류하는 호텔이 이와 인접한 곳에 있기를 원한다. 이러한 상용여행자의 욕구에 부응하기 위하여 대부분의 호텔들은 도시의 중심지역에 위치하고 있다.

그리고 상용호텔들은 상용여행자들의 편의를 최대한 제공하기 위하여 대부분 객실 내에서 편리하게 업무를 볼 수 있는 업무공간을 제공하고 있을 뿐만 아니라 컴퓨터, 인터넷 접속시설, 책상 등 비즈니스에 필요한 다양한 설비를 제공하고 있다. 또한 팩스, 컴퓨터, 회의실 그리고 비서 서비스를 갖추고 있는 비즈니스센터(business center)를 운영하고 있으며, 상용 여행객들에게 빠르고 효과적인 서비스를 제공하고 있다.

2) 컨벤션 호텔(Convention Hotel)

각종 대규모 국제행사와 회의를 유치하고, 참석한 고객들을 충분히 수용할 수 있는 비교적 규모가 큰 호텔을 말한다. 컨벤션 호텔은 다른 호텔과는 달리 회의장을 갖추고 있어야 하며, 동시통역 장비를 비롯하여 원격화상시스템, 컴퓨터 등과 같은 미디어시설 및 부대시설을 갖추고 있어야 한다. 최근 국가 간의 교류 증가로 인하여 과거보다 컨벤션 시장의 규모가 빠르게 성상하고 있어 많은 상용호텔 및 리조트 호텔들이 다양한 형태의 회의시설을 갖추고 컨벤션시장에 진출하고 있다.

3) 리조트 호텔(Resort Hotel)

리조트 호텔은 일반적으로 도심지에서 벗어난 교외에 위치하고 있으며, 외부로부터의 접근성이 좋은 장소에 입지하고 있다. 특히 리조트란 해변이나 산과 같은 경치가 좋은 지역에 위치하거나 온천이나 건강유지 시설들을 갖추고 있으며, 종합적인 엔터테이먼트를 즐길 수 있는 호텔이다. 근래에는 골프, 스키, 수영, 레포츠 등과 같은 다양한 프로그램으로 가족단위의 고객들을 유치하고 있다.

4) 카지노 호텔(Casino Hotel)

현대 카지노 호텔들은 과거 갬블(gambling) 위주의 전통적인 카지노 형태에서 벗어나 다양한 고객층을 유치하기 위하여 각종 연예쇼, 놀이시설, 주제공원 등을 제공하고 있고, 단순한 게임장소가 아니라 다양한 볼거리와 먹거리 및 휴식공간, 오락게임을 제공하는 종합리조트 호텔로 지향하고 있다.

5) 모텔(Motel)

모텔 또는 모터호텔의 주고객층은 자동차 여행자라고 할 수 있으며, 다른 일반호텔보다는 저렴한 가격으로 한정된 서비스를 제공하며, 특히 자가운전 고객이 증가함으로써 번성되는 호텔이다.

모텔의 경제성 및 편의성이란 장점으로 인하여 대중적 숙박시설로 자리잡게 되었다. 먼저 경제성이란 기존의 시내 호텔들보다 토지가격이 비싼 곳이 아닌 교외에 건설되기 때문에 저렴한 가격에 건축이 가능하다. 또한 모텔에서는 도심지 호텔과는 달리 최소한의 서비스를 제공하기 때문에 운영에 따른 인건비 부담이 매우 적다. 이러한 장점으로 인하여 모텔은 도심지 호텔보다 상당히 저렴한 가격으로 자동차 여행자들에게 이용되고 있다. 또한 모텔은 주요 고속도로에 위치하여 자동차 여행자들이 여행 도중에 쉽게 숙박할 수 있으며, 이외에도 충분한 주차시설과 전통적 호텔처럼 격식을 요구하지 않는다.

6) 주거호텔(Residential Hotel)

주거호텔이란 장기 체류자들을 주대상으로 한 호텔을 말한다. 주로 장기간 숙박을 요하는 상용 여행자나 관광 여행자들을 위한 숙박시설이다. 흔히 주거호텔은 올스위트 호텔(all-suite hotel)로 불리기도 한다. 이러한 형태의 호텔은 대부분 모든 객실이 주로 침실과 거실이 분리되어 있는 스위트 룸(suite room) 형태를 가지고 있는 경우가 많기 때문에 이러한 명칭을 사용하고 있다. 객실 내에는 여행자들이 간단한 요리를 할 수 있는 주방시설을 구비하고 있는 경우도 있다.

5. 요금지급방식에 따른 분류

1) 미국식 요금제도(American Plan; AP)

미국식 요금제도는 객실요금에 아침, 점심, 저녁요금을 포함하여 계산하는 방식으로 'Bed and Board'라고도 한다. 유럽에서는 미국식 요금제도와 유사하게 Full Pension이라고도 하는데, 이 역시 객실요금에 3식이 포함되어 있는 요금제도로서 주로 호화여객선이나 휴양지 호텔에서 적용된다. 그리고 수정된 미국식 요금제도(Modified American Plan; MAP)는 객실요금에 아침과 주로 저녁식사 요금만 포함된 1박 2식 요금제도를 말한다.

2) 유럽식 요금제도(European Plan; EP)

유럽식 요금제도는 객실요금과 식사요금을 별도로 계산하는 방식으로, 고객이 자유로이 호텔상품을 선택할 수 있는 제도이다. 대체로 식당과 편의시설이 많은 시내 중심가의 비즈니스 호텔들은 이 요금방식을 채택하고 있다.

3) 대륙식 요금제도(Continental Plan; CP)

대륙식 요금제도는 대륙식 아침식사(Continental Breakfast) 요금을 포함하여 계산하는 요금제도이다. 아침식사는 주로 룸 서비스(room service)로 제공되며, 식사 내용은 롤빵이나 토스트에 커피나 홍차를 마시는 간단한 아침식사이다.

호텔의 분류	
숙박목적	상용호텔(Commercial Hotel), 컨벤션호텔(Convention Hotel), 리조트호텔(Resort Hotel), 카지노호텔(Casino Hotel), 모텔(Motel) 및 모터호텔(Motor Hotel), 주거호텔(Residential Hotel)
규 모	초대규모호텔, 대규모호텔, 중규모호텔, 소규모호텔
입지조건	도심호텔(Downtown Hotel), 교외호텔(Suburban Hotel), 컨트리호텔(Country Hotel), 에어포트호텔(Airport Hotel), 시포트호텔(Seaport Hotel), 터미널호텔(Terminal Hotel), 하이웨이호텔(Highway Hotel)
요금지불방식	미국식 요금제도(American Plan), 유럽식 요금제도(European Plan), 대륙식 요금제도(Continental Plan)
경영 및 자본형태	독립경영호텔(Independent Operation Hotel), 체인호텔(Chain Hotel)
체재기간	트랜지언트호텔(Transient Hotel), 레지덴셜호텔(Residential Hotel), 퍼머넌트호텔(Permanent Hotel)
관광진흥법	관광호텔업, 수상관광호텔업, 한국전통호텔업, 가족호텔업
기 타	인(Inn), 빵숑(Pension), 로지(Lodge), 유로텔(Eurotel), 캡슐호텔, 국민숙사, 민박, 보텔(Boatel)

[그림 3-5] 호텔의 분류

용어해설

Bed and Board: 호텔숙박요금에 3식이 포함되어 있는 아메리칸 플랜을 말한다.
Bed and Breakfast: 지역적 전통음식 제공과 가정적인 분위기를 창출하는 숙박 형태이다.
Bermuda Plan: 객실요금에 아메리칸 스타일의 조식을 제공하는 호텔요금제도
Boatel: 모터보트인들을 위한 숙박시설이며, 클럽적인 의미가 강하다.
Budget Hotel: 서비스 간소화로 비용절감을 시도한 염가호텔을 말한다.
Demi-Pension(Modified America Plan, Half Pension): 객실료에 조식과 중식 또는 석식이 포함되어 있는 요금제도(객실료+2식)이다.
Full-Pension(America Plan): 객실료에 3식이 포함되어 있는 요금제도이다.
Dual Plan: 고객의 요구에 따라 아메리칸 플랜이나 유럽피안 플랜을 선택할 수 있는 요금제도이다.
Efficiency: 주방시설이 설치되어 있는 숙박시설
Extra Charge: 호텔에서 인원초과 등으로 정해진 정규요금을 초과해서 지불하게 되는 요금이다.
Floatel: 여객선이나 유람선과 같은 해상을 운행하는 배에 설치되어 있는 객실
Hof: 건물 등에 둘러싸인 장소 또는 광대한 저택을 뜻하는 것으로 Inn으로부터 Hotel로 발전하는 과정에서 과도기적인 명칭으로 쓰였던 호텔이다.
Lodging Industry: 숙박산업이란 의미이다.
Pension: 유럽의 전형적인 하숙집 형태의 저렴한 숙박시설로서, 소규모의 객실과 제한된 서비스를 제공하며, 식사는 조식은 제공되나 석식은 제공되지 않는 것이 통례이다
Transient Hotel: 단기간 체재용의 호텔을 말한다. 1박 또는 그 이하 시간단위의 이용이 가능한 숙박시설로서, 일반적으로 공항에서 시간단위로 휴식, 샤워의 사용이 가능한 시설을 해 놓은 것으로서, 이와 같은 환승호텔을 말한다.
Villa: 별장에서 유래된 피서, 피한, 휴양 등을 위한 휴양지의 숙박시설로서 개인 소유자가 대부분이다.
Yachtel: 요트호텔(Yacht Hotel)로서 요트여행자를 위하여 요트계류시설을 함께 갖춘 호텔이다

참고문헌

고호석·임경환, 최신호텔경영론, 2004.
동남레저산업연구소, 관광관련법규, 기문사, 2007.
박대환 외 3인, 호텔경영관리론, 도서출판 대명, 2007.
박성부, 최신호텔경영실무, 백산출판사, 2004.
이순구·박미선, 호텔경영의 이해, 대왕사, 2008.
허정봉·송대근, 호텔경영학의 만남, 대왕사, 2007.
최풍운, 호텔경영학원론, 백산출판사, 2003.
한국관광협회중앙회 홈페이지: www.koreatravel.or.kr

CHAPTER 04 호텔기업의 경영조직

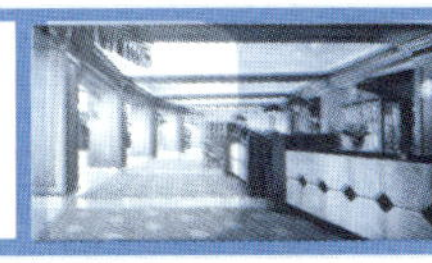

제1절 호텔조직의 환경변화

오늘날 조직을 둘러싼 환경은 빠르고 동적인 변화를 특징으로 하고 있다. 현대 호텔에 있어서도 호텔환경이 전문화, 기술화, 대규모화로 진전되고 있으나, 호텔의 노동집약적이며 인적 의존도가 높은 특성으로 인해 각 구성원의 협력적 관계에 의한 조직의 결합을 꾀하지 않으면 안 된다. 이러한 호텔조직의 특성은 다음과 같다.

첫째, 인력·예산·기구면에 있어서 과거조직에 비해 그 규모가 빠른 속도로 성장·발전하고 있다. 이것은 인간의 생활수준 향상에 의한 수요의 증가와 욕구의 다양화에 따른 호텔조직의 팽창이라고 볼 수 있다.

둘째, 현대 호텔조직의 형태는 더욱 복잡하고 다양화해지고 있다. 과거의 조직은 그 구성과 조직운영이 단순하였으며, 소유주의 절대적 권한 속에서 총지배인을 포함한 전문경영인의 역할이 미미하였다. 그러나 현대 호텔조직은 그 구성이나 내·외부에서 작용하는 요소가 복잡하게 형성되어 가고 있다. 즉 조직이 수행하는 기능이 더욱 전문화되어 가고 있고, 목표의 다원화가 불가피하게 되어가고 있으며, 또한 서비스상품에 대한 인식이 변화되어 가고 있어 조직의 형태는 더욱 복잡 다양화해지고 있다.

셋째, 호텔조직에 있어서 기능의 전문화 내지 분화현상이 광범위하게 나타나고 있다. 이와 같은 제반 현상은 업무를 수행할 때 부분적으로 기계화와 과학적 관리를 필요로 하며, 전문인의 채용도 필요로 하게 된다.

오늘날 호텔을 운영하는데 제기되는 문제는 전문화 및 기술화뿐만 아니라 조직 내의 종사원을 조직의 효과적인 목표달성을 위해서 어떻게 잘 조화되게 통합시킬 것인가 하는 것도 문제이다. 따라서 현대의 호텔조직은 고도의 전문적인 통합성과 적응능력을 요구하고 있다.

일반적으로 호텔의 조직형태는 호텔의 입지조건과 시설규모, 호텔의 건물 및 구조, 경영층의 경영능력, 소유형태, 경영방식 등의 여러 요인에 의해 호텔 나름대로의 특성을 갖게 된다. 그리고 우리나라 관광호텔에서는 시설규모, 전문화, 기술화, 서비스의 정도에 따라 등급을 설정하고 있다.

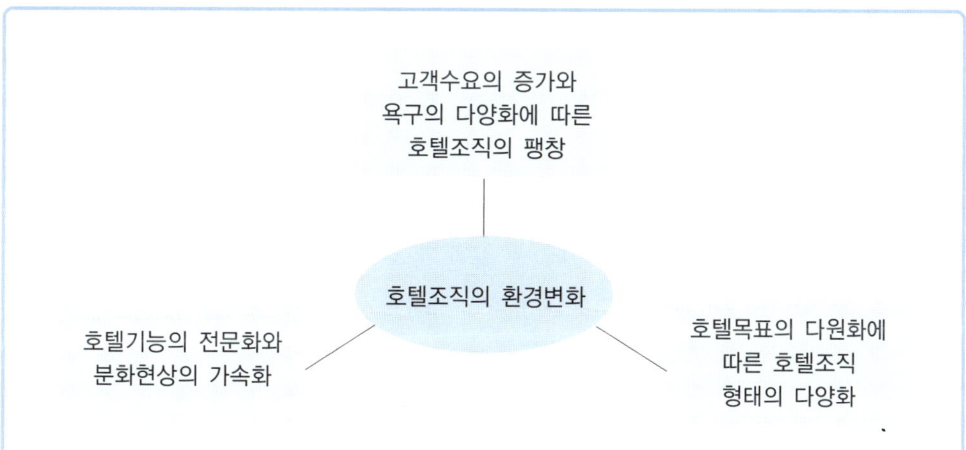

[그림 4-1] **호텔조직의 변화**

제2절 호텔경영조직의 특성

1. 호텔경영조직의 기본요소

인적자원의 의존도가 높은 호텔기업에서는 종사원이 제공하는 서비스의 질적 수준이 호텔기업의 경영성과에 지대한 영향을 미치고 있는 점을 감안할 때, 종사원들의 경영조직 차원에서의 관리는 더욱 절실해지고 있다. 그동안 관광호텔은 인적자원관리보다 물적자원관리 중심의 생산지향적 자원관리를 중요하게 인식하여 왔으나, 최근에는 호텔의 핵심적 서비스를 수행하는 종사원에 대한 인적자원의 관리가 중요시되고 있다. 따라서 호텔기업에서는 효율적인 인적관리를 위한 다양한 과학적 기법을 도입하는 등 노력을 기울이고 있다.

호텔의 경영조직은 호텔의 규모, 경영자의 관리능력, 호텔기업의 관리형태 등에 따라 다양하다고 할 수 있다. 그런데 호텔의 구성원들이 생산적인 목적을 추구하기 위해서는 조직구성원들의 활동에 맞는 조직형태를 갖추어야 할 것이다. 따라서 관리자는 조직목적을 달성하기 위해서는 작업의 표준화, 부문화, 권한의 형태, 통제의 범위, 조정 등 다섯 가지 기준이 필요하며, 이러한 요소들을 선택해야 할 것이다.

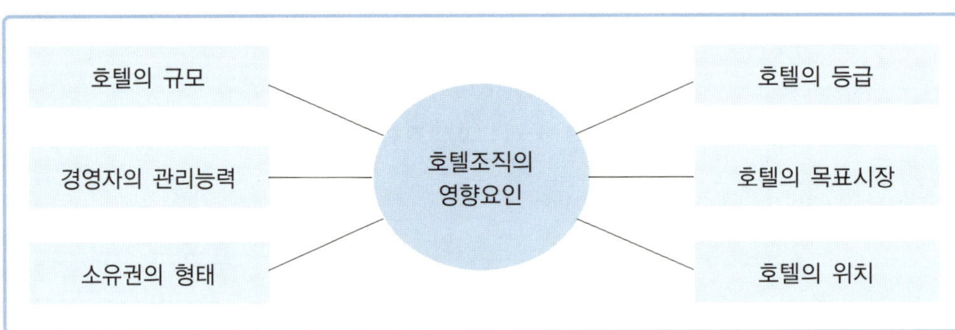

[그림 4-2] 호텔조직의 영향요인

2. 호텔경영조직의 특성

일반적으로 호텔기업의 조직은 목적을 달성하기 위해서 가장 효과적으로 협력할 수 있도록 업무의 성격을 명확히 편성하고 책임과 권한의 부여 및 이에 따른 이양 등 여러 가지의 관계를 정하고 있다.

그러나 호텔기업은 상품의 생산과 판매에 있어서의 특수성과 호텔의 입지조건, 판매하는 상품의 종류, 건축양식 및 구조, 지배인의 경험과 교육, 경영층의 경영능력, 기업의 소유형태 등에 따라서 다양한 조직형태를 취하고 있다.

호텔기업의 조직은 기업의 목적 또는 각 조직단위의 목적을 능률적으로 달성하고 성장과 발전을 촉진하는 데 그 목적이 있다. 이러한 호텔의 조직형태는 라인조직(line organization)과 참모식 조직(staff organization)으로 구별된다.

라인조직은 명령계통이 직계화되어 있기 때문에 경영방침을 부하 종사원에게 가장 신속히 지시할 수 있으며, 주로 소규모 호텔의 조직에 적당하다. 스탭조직은 최고경영자가 참모들로 하여금 경영계획을 수립하게 하고 자료를 조사・분석하여 그들의 조언을 얻어서 최종적인 방침을 결정하는 것으로, 가장 합리적인 경영방침과 경영계획을 수립할 수 있기 때문에 근대적 경영형태라고 할 수 있다.

일반적인 호텔의 경영조직은 크게 관리부문(영업기획부서, 총무부서, 인사부서, 시설부서, 구매부서, 회계・재무부서 등), 객실부문(예약부서, 현관부서, 객실정비부서, 교환서비스 등), 식음료부문(식당관리부서, 음료관리부서, 조리관리부서 등), 연회부문(연회예약부서, 연회서비스부서), 부대시설부문(스포츠건강시설, 오락・유흥시설, 아케이드, 면세점, 이・미용실, 기념품점 등 기타부대시설) 등 다섯 부문으로 나누어진다.

또한 호텔경영조직은 호텔 이용고객에 대하여 서비스를 직접 제공하는 부서와 그러한 부서를 지원하는 부서로 나눌 수 있다. 호텔 이용고객과의 직접 서비스 접촉이 있는 부서를 프런트 오브 드 하우스(front of the house)라 하는데 객실부서,

식음료부서, 연회부서, 부대시설부서 등이 여기에 해당된다. 백 오브 드 하우스(back of the house)는 고객과의 서비스 접촉이 거의 없고 프런트 오브 드 하우스 부서를 업무면에서 지원해 주는 경리부, 인사부, 시설부 등이 여기에 해당된다.

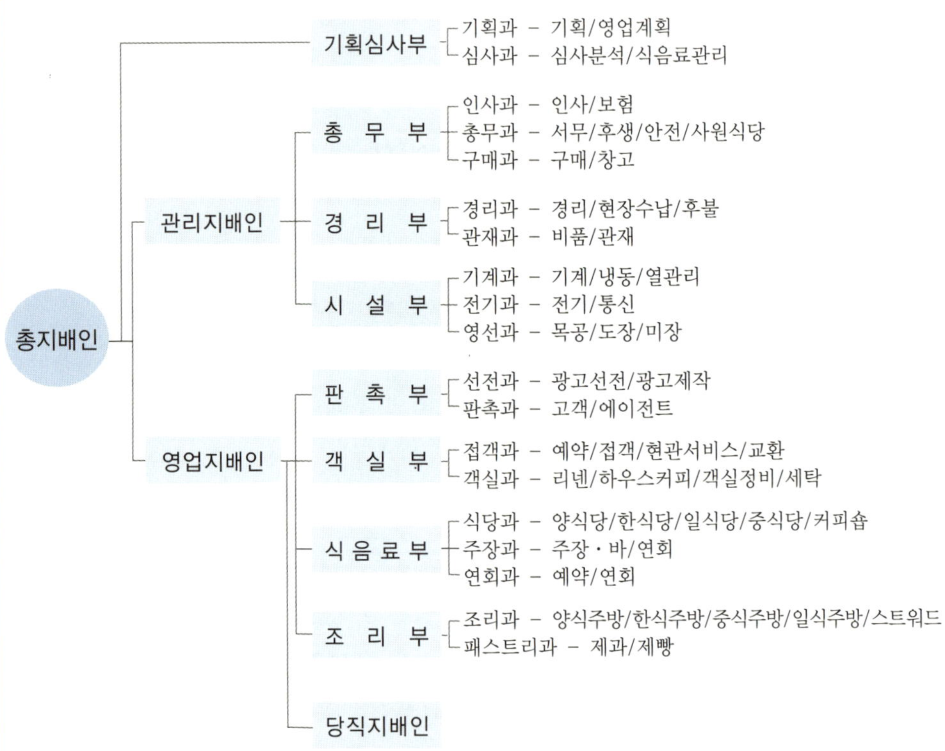

자료: 관광호텔서비스메뉴얼, 한국관광협회, 1991 재작성.

[그림 4-3] **호텔의 조직**

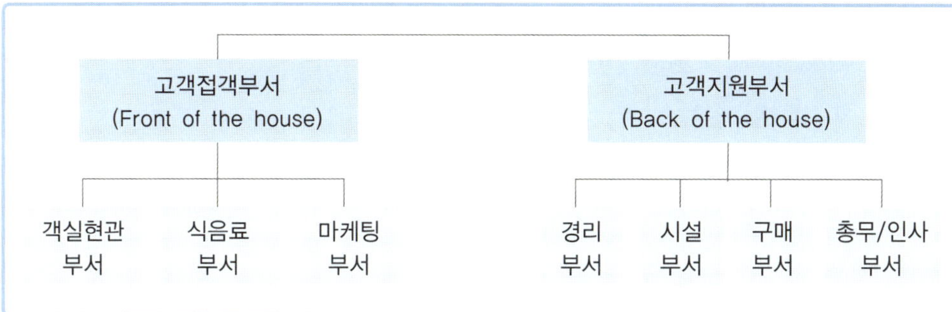

[그림 4-4] 고객과의 접촉여부에 따른 조직

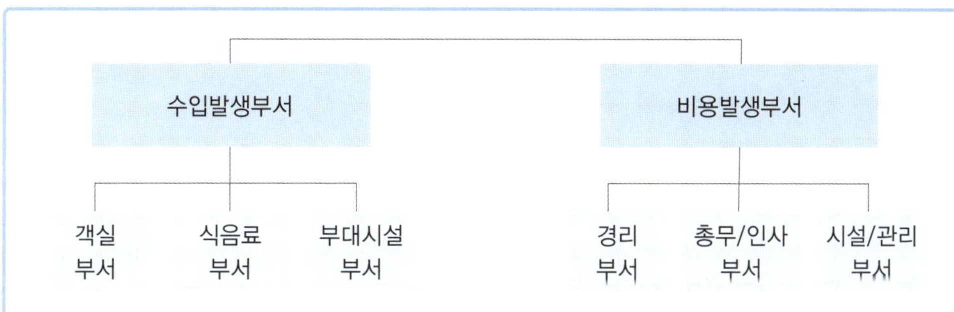

[그림 4-5] 수입 및 지출발생별 조직

제3절 호텔 경영조직의 부문별 업무내용

1. 관리부문

호텔기업의 관리부문은 최고경영층의 의사결정에 필요한 경영정보나 경영자료를 제공하는 참모적 역할을 수행하며 호텔경영을 효율적으로 집행하기 위한 경영합리화와 경영성과의 극대화를 추구하는 곳이다. 경영정책 및 계획의 수립과 예산편성 및 통제, 조직 및 정원관리, 경영분석 및 평가, 원가관리, 인사·노무·급여업무, 광고·선전·홍보계획의 수립, 전산 운영관리, 각종 물자구매 및 확보관리, 시설·청소 및 경비·소방·안전활동의 관리, 복리후생 및 직원 식당관리, 편의 및 위락시설의 관리, 재무관리 등의 기능별 관리로 구분된다. 또한 현금출납, 세무회계, 급여 및 보험, 영업회계, 즉 호텔의 객실과 식음료, 부대시설 등과 같은 영업 현장에서 발생한 요금을 수납하는 업무 등을 수행하는 기능도 가지고 있다.

관리부문은 일반적으로 영업기획, 총무, 인사, 시설, 구매, 회계·재무 등의 부서로 구성되는 것이 일반적이다.

〈표 4-1〉 관리부문의 기능별 주요 업무

부서명	주요 업무 내용
영업기획	신규사업의 종합관리, 장·단기 경영계획의 수립 경영실적 분석 및 조정, 기업정보 및 자료조사 내부감사 사무 등
구매	내외자재 구매계획 수립, 구매자재 시장동향 및 가격추세 분석 구매자재의 원가절하계획 수립, 기타 관련부서업무
총무	대관공서 업무, 종사원 기강확립, 상벌·징계, 문서관리 증명서 발급, 복리후생, 차량관리, 사무실 및 사무용 비품관리
인사	조직 및 사무분담, 인사관리사무, 노무관리, 인사고과, 인사규정 및 인사관계 서류관리, 실습생관리, 종사원교육 산재 및 의료보험, 직원신원조회, 급여 및 상여 퇴직금 및 보험, 제안 및 고충처리
회계·재무	환전, 출납, 자금계획 수립 및 조정, 현금·예금 및 유가증권관리 영업조사, 미수금 청구와 영수 및 관리, 회계장부의 작성 및 보관 지급 및 미지급 관리, 결산, 세무, 비품관리
시설	보수: 목공, 도장, 방역, 도배공사, 외장, 보전계획의 수립 전기: 변전설비, 동력설비, 전화설비, 음향설비, TV공청설비, 각종 신호설비 엘리베이터, 에스컬레이터설비 등 기계: 주기계실 운전조정관리, 고압가스 취급관리, 위험물 취급관리, 공조시설관리, 전층 기계설비 보수, 전층 키 보수관리, 용·폐수처리, 공해 및 열관리, 시설자료 및 공기구관리

2. 객실부문

객실부문은 일반적으로 접객부서인 현관과 객실정비, 리넨 및 세탁물관리, 교환서비스 등으로 구성이 되며, 호텔의 숙박기능을 수행하는 곳이다. 프런트 오피스는 객실 예약을 접수하고 고객의 영접 및 환송업무를 수행하며, 객실판매현황을 파악하고 전화 및 우편물에 대한 서비스를 제공하는 곳이다.

객실부서는 호텔기업의 주상품이라고 할 수 있는 객실을 생산하는 곳으로서, 경영관리적인 측면에서 타 호텔과 경쟁적 차별화가 가능한 영역이며, 호텔이 고객에게 제공하는 중심적 서비스인 숙박서비스가 수행되어지는 곳이라고 할 수 있다.

또한 호텔객실의 차별화의 필요성은 고객유치를 위한 기업 간의 경쟁이 치열해지고 있어, 고객서비스 향상을 위한 품질개선 노력은 기업의 전략적 차원에서 중요하게 인식되기 때문이다.

〈표 4-2〉 **객실부문의 기능별 주요 업무**

부서명	주요 업무 내용
예 약	예약접수 및 확인, 예약취소 및 no-show에 관한 분석, VIP 및 국빈에 관한 처우, 단체 예약접수 및 지역별 유치 파악, 회사별 이용실적 파악, 예약카드 정리 및 조정, 객실판매계획 수립 및 분석
현 관	객실판매, 고객접객 및 환송, 객실열쇠 관리, 객실배정, 고객의 우편물 서비스, 대고객 인포메이션 서비스업무, 고객불평불만 접수 처리, 고객카드 작성 및 관리, 고객분석, 비즈니스센터 서비스, 컨시어지 서비스
객 실 정 비	객실의 점검·청소·정비, 객실용품의 보관·장식·미화·공급·배정, 객실용품의 청구 및 관리, 투숙객의 일반적인 주문사항의 접수처리, 세탁물과 리넨에 대한 관리, 객실의 안전유지 및 보수에 관한 일부 업무
교 환	통신매개체, 안내센터, 홍보매체로서의 기능 모닝콜서비스, 대고객 정보제공, 메시지 접수 및 전달
리넨 및 세탁물	호텔영업에 필요한 각종 리넨류의 조달 및 세탁 투숙고객의 의류 및 직원의 유니폼 세탁

3. 식음료부문

식음료부문은 음식(food), 음료(beverage), 서비스 등 세 가지를 판매하는 부서로서, 음식물을 조달한다는 의미에서 케이터링(catering)이라고도 한다.

식음료부문의 주요한 기능은 고객들에게 식사와 음료를 기본으로 고객이 만족할 수 있는 서비스를 제공하는 것이다. 초기 숙박시설에 있어서는 식음료 기능이 매우 단순한 업무였으나, 최근 호텔의 규모가 커져 다양한 시설을 갖추고 그 기능이 매우 복잡해지게 되었다. 이것은 산업사회의 변천에 따라 호텔업의 기능도 숙박기능에서 다양한 사회활동의 장소로 변모되면서 식음료를 제공받을 수 있는 휴식과 집회 및 오락적 기능과 그에 따른 부가가치기능 등 식음료 부분의 중요성이 증대되고 있기 때문이며, 호텔영업의 수입에 있어서도 그 비율이 증가하고 있다.

따라서 오늘날 호텔에서의 식음료는 식사와 음료의 다양성과 품질 그리고 종사원의 서비스가 주요한 판매요인의 역할을 하고 있다. 식음료 관리의 목표는 합리적인 영업운영과 원가절감, 매출신장의 극대화, 공익성 있는 적절한 가격책정, 서비스향상 및 생산성의 제고라고 할 수 있다.

식음료 부문의 일반적인 조직은 식당부문, 음료부문, 연회부문으로 조직을 편성하고 있는데, 식음료 영업에 관한 업무는 식음료 상품관리, 고객관리, 영업운영관리, 종사원관리, 마케팅관리를 주요 업무로 하고 있다.

〈표 4-3〉 **식음료 부문의 기능별 주요 업무**

부서명	주요 업무 내용
식 당	다양한 상품개발, 시간운영의 효율성 도모, 고객관리, 집기비품 시설의 보존 및 유지관리, 판매메뉴 및 가격결정, 종사원 교육관리
음 료	음료 판매방안의 수립과 적정가격의 판매, 음료상품의 개발

부서명	주요 업무 내용
연 회	행사예약 및 진행, 행사진행에 필요한 시설 집기에 대한 운영관리, 메뉴 및 가격조정을 위한 업무, 고객안전관리, 출장연회관리, 종사원의 교육훈련관리
조 리	식재료의 선정·청구·수령·보관, 적정원가를 유지하기 위한 원가관리, 식품위생 및 공중위생 등의 위생관리, 각종 설비의 시설관리, 인력조정 및 근태파악, 메인 주방을 비롯한 각종 주방의 효율적 운영 및 지원업무

4. 부대시설부문

부대시설이란 호텔에서 제공하는 객실과 식음료 등을 제외한 시설이라고 할 수 있다. 호텔업의 등급평가기준에 따르면 커피숍, 칵테일 바, 로비 라운지 등과 운동오락시설(실내수영장, 테니스코트, 헬스클럽) 및 기타시설(제과점, 기념품점, 의무실 등)을 규정하여 놓고 있다. 호텔은 고객에게 제공될 수 있는 객실, 식사, 음료뿐만 아니라 오락과 회의 등에 필요한 부수적인 시설도 갖고 있으며, 이러한 부대시설의 다양성은 호텔경쟁력 향상에 매우 중요하다고 할 수 있다.

호텔의 부대시설은 호텔의 위치와 종류, 경영형태에 따라서 그 내용도 다르다. 도심지역의 호텔은 실내수영장, 헬스클럽, 이·미용실, 연회장 등과 같은 시설 그리고 휴양지의 리조트호텔은 승마장, 골프장, 수상스키, 보트장, 야외수영장 등을 설치하고 있는 것이 보통이다. 이러한 부대시설들은 호텔의 역할을 변화시켰으며, 호텔상품을 소비하고자 하는 욕구를 창출하기도 하였다.

따라서 호텔의 부대시설은 고객들이 호텔의 규모와 시설, 그리고 시설의 유지상태에 따라서 호텔의 품위와 질을 결정하기 때문에 다른 호텔과 차별화될 수 있도록 관리되어야 한다. 고객의 구매욕구는 외형의 인상에서 판단과 평가가 이루어질 수도 있기 때문에 호텔의 규모, 외관, 출입구, 로비, 복도, 식음료 영업장, 회의실과 공간, 색채, 구조, 편의성, 디자인, 조명, 비품, 장식 등과 같은 상황도 고객 유치에 있어서 매우 중요하다.

〈표 4-4〉 부대업장의 기능별 주요 업무

시설구분	주요 시설 내용
스포츠 건강시설	사우나, 수영장, 테니스장, 골프장, 체련장, 에어로빅장 등
오락·유흥시설	카지노시설, 나이트클럽 등과 같은 오락 및 사교장시설
기타 부대시설	아케이드, 면세점, 이·미용실, 서점, 사진관, 기념품점, 화원, 스포츠숍, 골프숍, 스낵코너 등

용어해설

라인조직(line organization): 직계식 조직으로 관리자와 종사원과의 관계가 직선조직으로 연결되어 있으며, 종사원은 직속상사에 대해서만 업무 하달 및 책임을 지는 부문 관리조직이다. 그러므로 라인조직은 관리자의 지휘·명령의 일관성이 확립되어 있고 연대책임의 한계가 명확히 되어 있으므로 그 업무의 진행과정을 신속하게 처리할 수 있는 특징이 있다.

참모식 조직(staff organization): 참모식 조직은 경영활동의 원만한 업무수행을 돕고 각 부문 간의 조정을 도모하여 최고경영자를 보좌하기 위한 조직을 말한다. 이는 직계식 조직을 보강하는 제도로서 전문적 사항에 관해 직계식 조직을 보충하려는 것으로 지휘·명령의 권한은 부여되지 않는다. 호텔의 경우 판매촉진부·예약부서·기획실 및 일반관리부가 이에 속한다고 볼 수 있다.

MD/GM: Managing Director 또는 General Manager이라고 하며, 호텔의 영업 및 경영에 관하여 전문경영인으로서 호텔의 전반적인 업무를 관리 및 감독을 수행하는 자를 말한다.

참고문헌

김경미·원융희, 호텔경영전략의 이해, 백산출판사, 2007.
권봉헌, Hotel Management, 백산출판사, 2008.
임경환·고호석, 호텔경영론, 기문사, 2004.
이순구·박미선, 호텔경영의 이해, 대왕사, 2008.
이정배·박호래, 호텔사업경영의 이해, 2006.
최복수, 호텔현관과 객실업무, 대왕사, 2006.
허정봉·송대근, 호텔경영학의 만남, 대왕사, 2007.
손재근, 호텔인적자원관리와 조직성과 연구, 박사학위논문, 2006.

CHAPTER 05

호텔서비스 관리

제1절 호텔서비스의 성격 및 특성

1. 호텔서비스의 성격

오늘날 서비스는 그 자체가 하나의 상품으로 가치를 지니며, 거래의 대상이 된다. 특히 호텔서비스는 서비스 제공자의 자질과 경험, 숙련도 등이 서비스에 미치는 중요한 구성요소가 되며, 호텔서비스는 이러한 구성요소에 의해 서비스 질 관리도 가능하게 된다.

일반적으로 상품은 재고관리가 가능하지만, 서비스는 종사원의 수행능력과 고객이 경험한 것으로 그치기 때문에 재고관리가 이루어질 수 없다. 그리고 호텔의 서비스는 이용자의 시간에 따라 그 효과가 달라지기 때문에 서비스 질 관리도 어려운 점이라고 할 수 있다. 이러한 호텔서비스가 갖는 독특한 성격은 다음과 같다.

첫째, 호텔서비스는 구매자와 제공자 간의 인적 접촉에 의해 발생되므로 그 경험이 미래의 구매행동에 영향을 미치게 되는 감정적 유대가 빈번히 일어나 구매가 감정적 또는 비이성적이기 쉽다.

둘째, 고객들이 호텔서비스를 이용할 경우 무형적 서비스에 대한 유형적 단서나 증거에 크게 의존하게 되며, 이들 유형적 단서들이 고객의 서비스품질에 대한 평가를 결정한다.

셋째, 호텔서비스의 구입시 사실상의 유통경로는 여행사와 같은 독자적인 관광 중개업자를 갖고 있다.

넷째, 대부분의 서비스와 마찬가지로 호텔서비스업도 쉽게 모방될 수 있다. 호텔은 일반인들에게 쉽게 개방되는 공공의 장소이므로 경쟁업자들에 의해 모방이 쉽게 이루어진다.

다섯째, 일반 제품의 경우에는 성수기에 촉진을 강화하지만, 호텔의 경우 비수기에 더 많은 촉진을 하게 된다. 서비스의 소멸성으로 인해 저장이 불가능한 것이 호텔상품의 특성이므로, 비수기에 수요를 촉진하여 수요를 평준화하는 것이 수익관리 면에서도 매우 중요하기 때문이다.

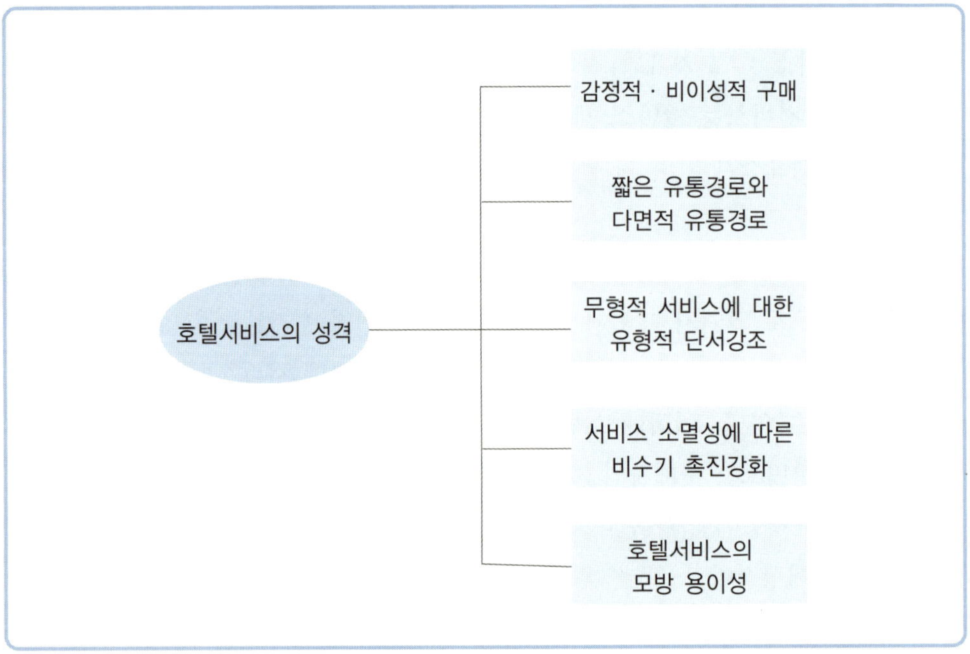

[그림 5-1] **호텔서비스의 성격**

2. 호텔서비스의 구성

호텔기업이 고객에게 제공하는 서비스를 상품화하기 위해서는 인적서비스, 물적서비스, 시스템적 서비스의 세 가지 구성요소가 상호 복합적이고 체계적으로 연결되어 제공될 때 완전한 상품이 된다. 호텔과 같은 서비스기업은 고객이 서비스기업에 체재하는 동안 이러한 인적·물적·시스템적 서비스 이용 중 어느 한 부분이라도 불편을 느끼게 된다면 서비스는 실패하게 된다. 그렇기 때문에 고객만족을 위해서는 서비스기업 내의 모든 종사원 및 부서간의 유기적인 협력체제를 구축하여 최고의 서비스를 지향해야 한다.

1) 인적서비스

인적서비스는 고객과 서비스제공자인 종사원과의 접촉과정에서 이루어지는 서비스의 총체로서 종사원의 서비스 마인드, 언어능력, 업무능력, 태도나 용모 등이다.

- 인적서비스 내용: 접객서비스, 주차서비스, 포터서비스, 벨맨서비스, 도어맨서비스, 유니폼서비스, 페이징서비스, 환전서비스, 모닝콜서비스 등

2) 물적서비스

물적서비스는 객실, 식당, 연회장, 오락 및 스포츠 시설, 비품, 조경 등 각종 서비스 공간 등과 같은 기초적인 요소와 그리고 호텔의 이미지와 품위를 나타내는 건축구조, 디자인, 색상, 분위기 등으로 구성한다.

- 물적서비스 내용: 객실, 식음료, 부대시설, 분위기, 전망, 난방서비스, 테이블세팅, 신문·우편서비스, 비즈니스센터, 귀빈층 운영, 어메니티, 청소서비스, 건물외관 및 조경 등

3) 시스템적 서비스

시스템적 서비스는 인적서비스와 물적서비스를 제공함에 있어서 고객에게 보다 효과적이고 능률적인 방법으로 제공할 수 있도록 하는 제반 환경과 조직을 의미한다.

- 시스템적서비스 내용: 후불제도, VIP카드제도, 회원제도, 예약제도, 입・퇴숙서비스, 할인제도, 호텔등급 및 체인 유무 등

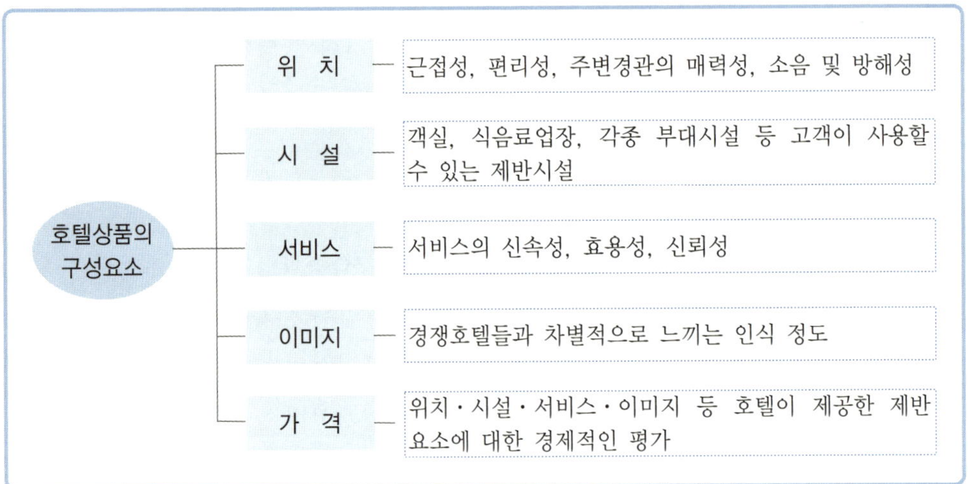

[그림 5-2] **호텔서비스 상품의 구성요소**

3. 호텔서비스의 특성

고객에게 제공되는 호텔서비스는 크게 인적서비스, 물적서비스, 시스템적 서비스로 대별된다. 특히 호텔서비스는 체재하는 고객에게 안전성, 편리성, 오락성 등을 제공하는 '서비스 혜택의 묶음'을 강조하고 있다.

여기서 물적서비스는 크게 객실, F&B, 부대시설의 구조, 인테리어, 집기・비품,

전망, 분위기, 배경음악, 조경, 건물 등으로 구성되며, 이를 바탕으로 인적서비스와 시스템적 서비스가 부가되어 배달과정을 거쳐 고객에게 전달됨으로써 하나의 호텔서비스상품이 되는 것이다.

따라서 호텔서비스는 어떤 한 요인의 독립된 개념이라기보다는 서비스 혜택의 묶음이라는 복합적인 특성을 가지고 있다. 이와 같은 호텔서비스의 고객만족경영을 위한 고객지향적 서비스시스템을 구축하기 위해서는 먼저 서비스가 어떠한 특성을 가지고 있는지 이해하고 있어야 한다.

1) 무형성

서비스는 볼 수도 없고, 만질 수도 없는 무형의 상품이므로 객관적으로 그 가치를 파악하거나 평가하는 것이 어렵다. 호텔, 여행, 의료, 교육 등이 이런 특성을 가지고 있다. 이러한 서비스의 무형성은 진열하기도 곤란하며, 그에 대한 커뮤니케이션도 곤란하다. 따라서 무형성의 문제점을 해결하기 위해서는 실체적인 단서를 강조하고, 구전으로 고객을 자극하여야 한다. 호텔서비스의 유형적 요소는 시설물, 인테리어, 유니폼 등이 있다. 이러한 유형적 요소는 새로이 개발한 것이라 하더라도 쉽게 모방될 수 있으며, 상품의 특허로 보호하기 힘들며, 진열하거나 설명하기 힘들다. 그러므로 호텔서비스는 이미지 관리를 통해 경쟁업체와 차별화시키고, 구체적 단서를 강조하여 무형성에 대한 불안감을 감소시키며, 구전효과를 적극 이용하고 구매 후 커뮤니케이션을 강화하는 전략이 필요하다.

2) 이질성

서비스는 서비스 제공하는 사람, 제공시점, 장소, 상황에 따라서 질적 차이가 크게 나타난다. 호텔이 매우 수준 높은 서비스 매뉴얼을 개발하고, 지속적으로 교육을 시켰다고 하더라도 서비스를 제공하는 사람에 따라서, 장소에 따라서, 시간에 따라서, 상황에 따라서 결과는 매우 다르게 나타날 수 있다. 또한 우수한 서비스라도 고객에 따라 느끼는 만족도는 다르게 나타날 수 있다. 이러한 서비스의 이질성은 가능한 서비스 품질을 표준화시킬 필요가 있으며, 고객 개개인에 맞는 맞춤 서비스를 통해 경쟁력을 높일 필요가 있다.

3) 비분리성

서비스는 생산자와 소비자의 상호작용에 의해 공급된다. 이로 인해 구입 전에 소비자가 시험해 볼 수도 없고, 사전에 품질을 통제하기 곤란한 특성을 가지고 있다. 따라서 불량서비스가 나와도 상품처럼 반품할 수 없다. 일반 상품의 경우에는 생산과 소비가 분리되어 일단 생산된 후 판매되고 나중에 소비된다. 그러나 호텔서비스의 경우 생산과 소비가 동시에 이루어지기 때문에 소비자가 서비스 공급에 참여해야 하는 경우가 많다.

고객도 서비스 생산과정에 참여하므로 생산현장과 고객들이 형성하는 분위기가 하나의 상품 내용이 될 수 있다. 또 고객들이 참여하기 때문에 집중화된 대량생산 체제를 구축하기 어렵다. 비분리성에 따른 문제점을 해결하기 위해서는 고객과 접촉하는 종사원을 신중히 선발하고 철저히 교육시킬 필요성이 있다.

4) 소멸성

판매되지 않은 서비스 상품은 사라진다. 서비스는 생산과 동시에 소멸되므로 저장이 불가능하다. 항공기의 좌석이나 호텔의 객실도 제날 팔지 못하면 상품의 가치를 잃게 되고 손실을 보아야 하는 점이 서비스상품의 특성이다. 이를 해결하기 위해서는 수요와 공급간의 조화를 이루는 전략이 필요하다. 항공사나 호텔기업은 이러한 특성으로 인한 손실을 방지하기 위해서 초과예약(over-booking)을 실시하고, 대기나 예약 같은 형태로 수요를 재고로 보관하는 전략을 수행하기도 한다.

〈표 5-1〉 호텔서비스의 특성

서비스 특성	문 제 점	대응방안
무형성	· 저장 불가능 · 가치인식과 평가곤란 · 진열과 전달의 어려움	· 무형성의 유형화 또는 가시화 · 구전을 통한 촉진 · 이미지 창출과 호텔서비스 식별화 노력
소멸성	· 판매되지 않은 서비스는 소멸 · 서비스 수요와 제공의 시한성	· 변동적 수요에 대처하기 위한 전략 · 수요와 공급의 동시조정 전략
이질성	· 서비스 품질이 장소·시간·상황에 따라 차이 발생	· 서비스 표준화를 위한 종사원 선발·교육·훈련의 체계화
동시성	· 생산, 소비, 평가가 동시에 일어나서 사전 품질통제의 어려움 · 고객이 생산과정에 참여	· 내부마케팅, 상호작용마케팅의 적극 도입
계절성	· 성수기와 비수기의 존재	· 수요조정-가격차별, 신제품개발, 판매촉진활동 · 공급조정-종사원 업무능력 다변화, 임시종사원 고용, self-service영역 확대

제2절 호텔서비스의 품질관리

1. 호텔서비스 품질의 의의

호텔의 서비스 품질관리는 호텔이 고객을 만족시킬 수 있는 인적·물적·시스템적 서비스표준을 마련하고, 고객만족의 목표를 달성하기 위한 방법을 체계화하여 관리해 나가는 일련의 과정을 말한다. 그런데 고객들이 서비스품질을 평가하는 첫 단계는 호텔 및 호텔 종사원과 만나는 서비스 접점(service encounter)의 순간이다. 이것은 또한 고객에게 서비스 품질을 입증할 수 있는 절호의 기회이기도 하다.

호텔의 서비스 접점시간은 항공사나 여행사 서비스의 경우보다 비교적 길고 연속적이라고 볼 수 있다. 이것은 고객에게 집이나 사무실의 역할을 하며, 생활의 연장이 되는 호텔서비스의 독특한 성격 때문이다. 도어맨서비스·벨맨서비스, 주차서비스, 프런트 직원들의 접객태도, 객실이나 식당 및 헬스클럽 시설이용 등은 모두 고객에게 호텔서비스의 이미지를 결정하는 진실의 순간들이다. 이 진실의 순간 하나하나는 그 자체로서 중요한 서비스상품으로서, 호텔은 고객이 서비스품질의 기준으로 삼는 이 핵심적 서비스 접점들을 집중적으로 관리하여 차별화된 서비스를 제공할 수 있는 귀중한 기회로 활용하여야 한다. 인적서비스의 의존도가 높은 호텔의 경우에는 고객과 종사원들과의 상호 접촉하는 시점에 특히 주의를 기울여야 한다. 고객이 서비스에 대해 받는 인상은 종사원들과의 짧은 상호작용에 의해서 만족과 불만족이 종종 결정된다. 아무리 시설투자를 많이 하고 홍보에 힘쓴다 할지라도, 종사원들의 접객태도가 만족스럽지 못한다면 고객은 곧 그 호텔의 전체적인 이미지는 부정적으로 인식하게 될 것이다. 오늘날 호텔기업에서 지속적으로 경쟁력을 확보할 수 있는 우수한 서비스 품질을 관리할 수 있다면, 고객은 그 서비스에 대하여 기꺼이 높은 가격을 지불하려는 의도를 가지고 있기 때문에 호텔 수익과 성장에 크게 기여할 수 있을 것으로 본다.

2. 호텔서비스 품질의 특성

호텔기업의 서비스 품질은 일반기업이나 서비스업체와는 다른 다음과 같은 특성을 가지고 있다.

첫째, 고객의 입장에서 서비스품질을 평가한다는 것은 표준화되어 있는 제품품질을 평가하는 것보다 훨씬 어렵다. 또한 고객이 서비스 품질을 평가하는 기준은 사람에 따라 다를 수 있기 때문에 호텔의 입장에서 고객의 서비스 품질 평가기준을 파악하는 것도 쉽지 않다.

둘째, 고객들은 서비스의 품질을 결과만 가지고 평가하는 것이 아니라 서비스의 제공과정도 중요시한다. 다시 말하면 서비스는 소유권의 이전이 아니라 고객에게 수행과정으로 가치를 전달한다는 특성을 가지고 있기 때문이다.

셋째, 서비스 품질의 평가에서 중요한 것은 평가기준을 고객이 정한다는 것이다. 고객만이 서비스 품질을 평가할 수 있으며, 고객들의 인식의 차이에 의해 서비스 평가기준도 결정된다. 이와 같은 이유로 서비스 품질에 대한 측정을 일반화한다는 것은 어려운 문제인데, 그 이유는 ① 서비스 품질의 개념이 주관적이기 때문에 객관성을 부여하기가 곤란하며, ② 서비스의 특성상 생산과 소비가 동시에 이루어지기 때문에 서비스의 전달이 완료되기 이전에 검증하기 어려우며, ③ 고객만족서비스를 위한 정보를 고객으로부터 수집하기가 어렵기 때문이다.

3. 호텔서비스 품질의 측정

1) 서비스 품질의 측정

서비스 품질은 그 서비스를 받는 고객 개인의 판단기준에 따라 주관적으로 지각되는 것이다. 이와 같이 서비스품질의 측정은 주관적이고 무형적인 요인에 의해 고객만족이 결정되기 때문에 간단하지 않다. 서비스 품질을 측정하는데 가장 일반적인 도구는 파라수라만(A. Parasuraman)과 자이다믈(V. A. Zeithaml) 및 베리(Leonard L. Berry)가 제안한 서브퀄(SERVQUAL)로서, 서비스기업이 소비자의 기대와 인식으로 서비스품질을 측정하는 것이다. 서브퀄에서는 고객의 서비스 품질평가는 고객의 서비스품질에 대한 기대와 인식된 서비스품질의 차에 의해 결정된다고 설명하고 있다. 이들은 서비스품질을 평가하는 일반적인 측정내용 10개 차원을 발견하였으나, 이후에 실증적 타당성과 척도의 개발을 통하여 5가지 구성요소로 축소하였다.

〈표 5-2〉 서비스품질의 10개 차원과 SERVQUAL의 5개 차원

서비스품질 평가 10차원	SERVQUAL차원	SERVQUAL차원의 정의
유형성(Tangibility)	유형성	물리적 시설, 장비, 종사원의 세련된 서비스, 커뮤니케이션 자료의 외양 등과 같은 유형적 단서
신뢰성(Reliability)	신뢰성	고객과 약속한 서비스를 정확하게 수행할 수 있는 능력
반응성(Responsiveness)	대응성	신속한 서비스의 제공, 고객을 자발적으로 돕고자 하는 태도와 행위, 적극적인 고객불평처리
능력(Competence)	확신성 (assurance)	종사원의 지식과 예절, 신뢰와 자신감을 전달하는 능력
예절성(Courtesy)		
신용도(Credibility)		
안전성(Security)		
접근성(Accessibility)	공감성 (empathy)	기업이 고객에게 제공하는 개별적 배려와 관심
커뮤니케이션 (Communication)		
고객이해(Understanding)		

2) 호텔서비스 품질의 측정

호텔 서비스 품질의 구성요소는 학자에 따라 다르게 나타나고 있으나, 대부분의 연구가 인적자원에 의한 구성요소로 설명하고 있다. 호텔의 서비스 품질의 측정은 서비스 제공자 및 고객을 중심으로 측정하고 있는데, ① 신뢰성(reliability), ② 반응성(responsiveness), ③ 업무능력(competence), ④ 접근성(accessibility), ⑤ 정중성(courteousness), ⑥ 의사소통(communication), ⑦ 신뢰도(credibility), ⑧ 안전성(safety) 등의 요소이다.

호텔 서비스의 품질 측정은 서브퀄(SERVQUAL) 모형에 의하면, 고객은 사전에 기대된 수준과 실제로 인식한 수준을 비교하여 최종적으로 서비스의 품질을 나름

대로 지각하게 된다. 다시 말하면 서비스품질은 기대와 성과의 차이에 의해 주관적으로 결정하게 된다는 것이다.

고객의 기대에 영향을 미치는 변수에는 구전, 개인적 욕구, 과거의 경험, 그리고 광고 등의 외부 커뮤니케이션이 있다. 만약 고객의 기대수준에 비해 실제 서비스성과가 그 이상이면 고객은 만족할 수 있지만, 기대수준에 비해 실제 서비스성과가 미치지 못한다면 고객은 실망하고 서비스 품질을 부정적으로 지각하게 될 것이다.

그러나 최근 연구에 따르면 서비스 품질의 구성요소에 물리적인 요소가 많이 가미되고 있다. 오베로이와 홀스는 호텔의 서비스 품질의 구성요소를 첫째, 객실과 부대시설, 내부 인테리어 등의 시설, 둘째, 메뉴와 식사시간, 음식의 양과 질 등과 같은 케이터링, 셋째, 호텔의 인적서비스, 넷째, 경쟁가격 등 4가지 구성요소를 제시하였다. 따라서 호텔서비스의 품질측정은 인적서비스 차원의 구성요소와 더불어 물리적 구성요소도 중요한 구성 차원으로 부각되고 있어 주차장, 부대시설, 편의시설, 입지조건, 이미지 등의 물적서비스에 대한 통제도 필요하다고 볼 수 있다.

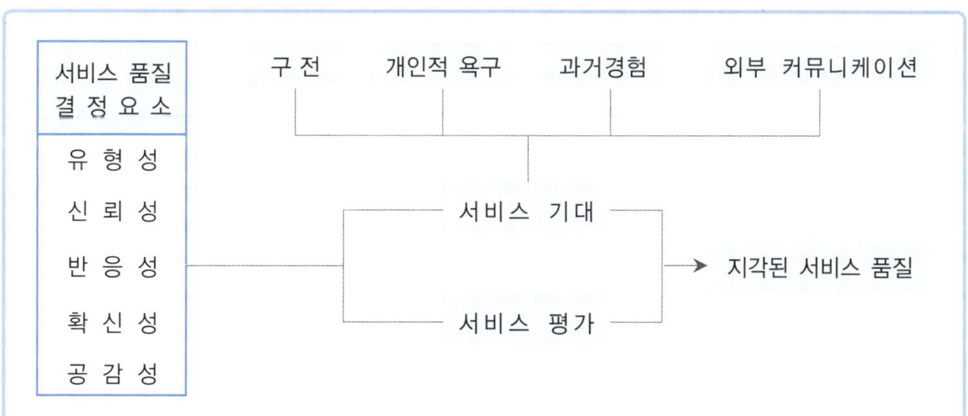

[그림 5-3] **서비스품질 평가**

제3절 고객만족 서비스

1. 고객만족의 개념

고객만족은 제품 또는 서비스의 사용이나 소비와 관련된 다양한 결과와 경험에 대해 개인이 내리는 주관적 평가라고 할 수 있다. 따라서 고객만족이란 제공자부터 소비자가 제품이나 서비스를 제공받는 과정이거나 받은 후에 기대 이상으로 부응하는 주관적인 감정상태이다.

고객만족의 측정은 고객의 기대에 대한 일치 또는 불일치 패러다임을 기본으로 하고 있다. 일반적으로 고객들은 구매 이전에 제품 또는 서비스의 성과에 대한 기대를 형성하고 구매 및 사용을 통하여 경험한 실제제품 또는 서비스의 성과를 자신의 기대수준과 비교·평가한다. 성과가 기대보다 높은 경우는 긍정적 불일치, 기대했던 수준이라면 단순일치, 제품 및 서비스에 대한 성과가 기대보다 낮은 경우는 부정적 불일치라고 한다. 따라서 긍정적 불일치 및 단순일치는 만족하고, 부정적 불일치는 불만족하게 되는 것이다.

최근 고객감동 경영에서는 고객만족을 뛰어 넘어 고객을 열광 또는 감탄하게 만드는 것을 목표로 삼고 있다. 이는 고객의 단순한 기대를 충족시키는 것 이상으로 고객만족보다는 한 단계 더 높은 단계이다. 고객만족은 기업의 장래 이익수준을 나타내는 가장 좋은 지표라고 할 수 있다.

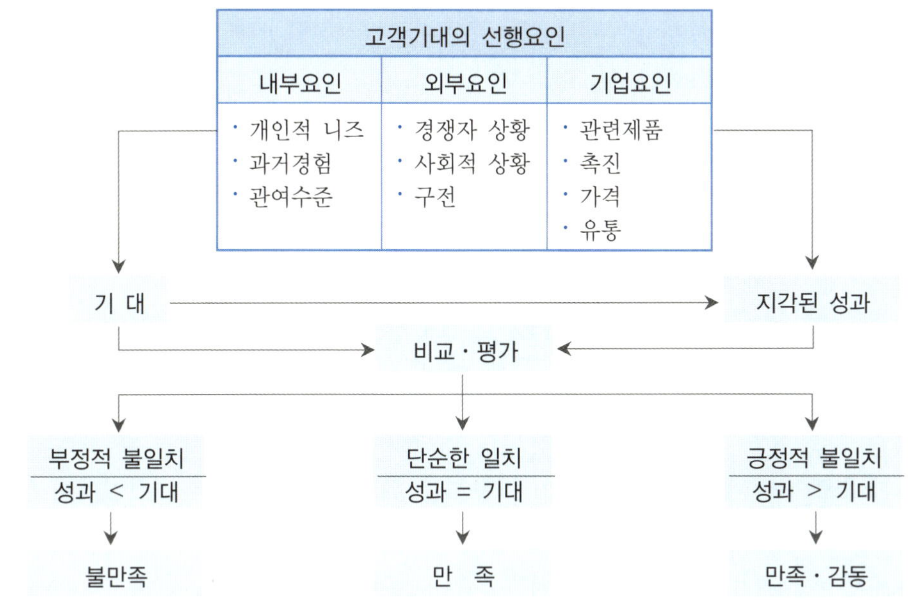

자료: 이순구, 호텔경영의 이해, 2008, p.107. 재작성.

[그림 5-4] 기대일치 · 불일치 이론의 개념적 틀

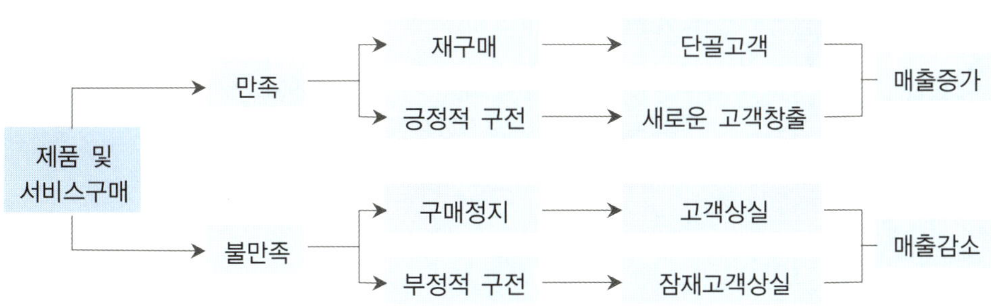

[그림 5-5] 고객만족과 불만족 영향

2. 호텔서비스의 인카운터 관리

서비스 인카운터(service encounter)란 고객과 서비스 제공자 사이의 개인적 상호작용으로, 이는 생산과 소비의 비분리성이라는 서비스의 특성에서 기인한다고 볼 수 있다. 즉 서비스접점은 '고객과 기업이 상호작용하는 순간'을 말한다. 호텔 이용고객은 예약으로부터 객실 및 시설의 사용 등 여러 가지 상황에서 다수의 서비스 종사원들과 상호작용하면서 종사원의 서비스에 대해 만족과 불만을 느끼게 된다. 이와 같이 호텔 종사원들의 서비스 수행과정에서 고객과 종사원 간에는 상호작용관계가 발생하게 되는데, 여기서 고객이 종사원이나 특정시설과 접촉하는 상황에서 느끼는 경험, 즉 고객이 서비스 품질을 지각하게 되는 순간을 말한다.

특히 호텔에서 제공되는 서비스와 이용하는 고객이 만나는 서비스접점에서 일어나는 하나하나의 성공이 전체적인 호텔서비스의 질을 평가받게 되기 때문에 호텔 경영관리 측면에서 다루어져야 한다. 호텔이 고객에게 제공하는 서비스의 흐름은 고객을 중심으로 고객의 참여하에 이루어지게 되는데, 이는 고객이 예약부터 입숙하여 시설과 서비스를 이용하고 퇴숙하는 전 과정을 통해 이루어진다. 이러한 호텔 서비스의 흐름은 다음과 같다.

예약 서비스 → 도어맨과 벨맨서비스 → 룸클럭의 체크-인 서비스 →
벨맨의 입실안내 → 귀중품 보관 · 환전서비스 · 라운드리 서비스 · 룸서비스 → F&B 및 레저스포스 시설 이용 →
룸 어텐던트 서비스 → 연회 · 쇼핑 · 비즈니스센터 이용 → 벨맨의 체크-아웃 서비스 →
프런트 캐셔의 정산 → 벨맨 · 도어맨 · 컨시어지의 환송서비스

[그림 5-6] **호텔서비스 수행과정**

제4절 서비스의 실패와 회복

1. 서비스 실패

서비스기업의 경우 서비스 전달과정에 있어서 다양한 고객의 기대와 인간적인 감정 등이 개입되는 복잡한 상황에서 서비스 실패는 피할 수 없는 현실이다. 파라수라만(A. Parasuraman), 자이다믈(V. A. Zeithaml) 및 베리(Leonard L. Berry)는 불일치 이론을 이용하여 서비스 실패란 '서비스 성과가 고객의 인지된 허용영역 이하로 떨어진 상태'라고 정의하고 있다. 이러한 서비스 실패는 개인에 따라서 그리고 상황에 따라서 많은 차이를 보이며, 그에 따른 서비스 회복전략도 차이가 날 수밖에 없다.

서비스실패란 서비스접점에서 고객의 불만족을 야기하는 좋지 않은 서비스 경험을 말하는 것으로, 서비스를 공급하는 동안에 발생하는 여러 가지 실수들, 고객에 대한 서비스 약속위반이나 여러 형태의 서비스오류 등을 포함한다. 서비스실패는 지속적인 거래관계의 유지문제, 즉 기업의 지속적인 성장과 성과에 매우 막대한 영향을 미친다. 서비스가 성공했을 경우, 즉 만족한 고객은 재구매를 하고 고정고객이 되며, 이러한 고객이 전하는 구전효과는 신규고객을 창출한다. 반면 서비스실패로 인한 불만족은 고객뿐만 아니라 주변의 잠재고객도 잃게 한다. 게다가 불만족한 고객이 자신의 불만족을 해당 기업과의 관계에서 해결하지 못한 채 관계를 끝낼 경우, 다음 구매시 그 기업의 제품과 서비스에 대한 부정적인 경험은 긍정적인 경험보다 더 오래 기억되어 그 영향력은 더욱 커지게 된다.

이와 같이 서비스실패는 일반적으로 고객과 종사원 간의 서비스 제공상의 상호작용에서 발생되기 때문에 다양한 서비스 실패유형이 있을 수 있다. 따라서 서비스기업은 서비스실패 유형별로 구분하여 사전 차단과 함께 고객의 욕구나 요청에 최선을 다할 수 있는 서비스종사원들의 접객서비스를 강화시켜야 한다.

2. 서비스 회복

파라수라만(A. Parasuraman), 자이다믈(V. A. Zeithaml) 및 베리(Leonard L. Berry, 1993)는 서비스회복을 '고객에게 제공된 서비스가 고객의 허용영역 이하로 떨어지는 것을 인지하는 결과로써 취하는 여러 행동'이라고 정의하고 있다. 그래서 서비스 회복은 기업이 서비스 실패로 인하여 잃어버린 고객의 신뢰를 최소한 서비스 실패가 일어나기 이전의 상태 또는 그 이상으로 복원하고자 하는 노력이라고 할 수 있다. 이러한 서비스회복은 고객만족과 고객충성도 향상에 결정적인 도움을 줄 수 있다. 또한 평생고객 가치를 계산했을 때 효과적인 서비스 회복노력으로 나타난 고객들의 호의적인 구전에 의한 가치는 불만을 처리하는 비용과 효과적인 서비스 회복을 위해 제공하는 비용의 몇 배가 될 수 있다. 효과적인 서비스 회복을 통하여 만족을 경험한 고객들은 오히려 처음부터 서비스 실패를 경험하지 않은 고객들보다 해당 기업의 서비스에 대하여 더 높이 평가한다. 그러므로 효과적인 서비스 회복을 위해서는 미리 준비된 회복 프로그램이 필요하며, 서비스 실패에 대하여 부정적이고 수동적인 자세로 임하기보다는 긍정적이고 능동적인 서비스 회복 노력이 필요하다.

또한 효과적인 서비스 회복전략을 통하여 서비스 실패 초기에 고객이 가질 수 있는 기업에 대한 부정적인 이미지를 감소시키고 잠재고객에게 기업에 대한 긍정적인 구전을 전달하여 최소한 부정적인 구전을 전하는 것을 방지하여야 한다.

용어해설

Service Encounter: 고객은 관광기업이 가지고 있는 어떤 자원이라도 처음으로 접촉하는 순간에 서비스품질에 대한 결정적인 인식을 갖게 되기 때문에 '결정적 순간'은 '진실의 순간'으로 표현되며, 지극히 짧은 순간이지만 서비스 접점(service encounter)에서 서비스에 대한 생생한 인상이 고객에게 형성되게 된다. 호텔 서비스의 경우 고객이 호텔에 당도하여 호텔건물을 볼 때, 체크인 할 때, 벨보이가 짐을 들고 객실을 안내할 때, 그리고 체크 아웃할 때 등이 결정적 순간에 해당된다.

고객생애가치: 어느 한 고객이 특정기업과 거래하는 동안 그 기업에게 얼마만큼의 수익을 가져다 주는가를 의미한다. 즉 고객을 상실한다는 것은 단 1회의 판매를 상실하는 것이 아니라 고객이 평생의 단골고객으로 구매하는 행위 전체를 잃어버리는 것을 말한다.

참고문헌

이미혜, 관광상품론, 대왕사, 2006.

이선희 · 김근종, 관광서비스, 백산출판사, 2003.

이순구 · 박미선, 호텔경영의 이해, 대왕사, 2008.

박대환 외 3인, 호텔경영관리론, 도서출판 대명, 2007.

박중환, 현대호텔마케팅론, 형설출판사, 1998.

조선배 외 2인, 서비스경영론, 석학당, 2004.

최동열, 관광서비스, 기문사, 2001.

최영근 김병구, 호텔서비스의 이해, 대왕사, 2007.

하용규 외 2인, 호텔경영학, 기문사, 2007.

CHAPTER 06

호텔인적자원 관리

제1절 호텔 채용관리

1. 호텔인적자원계획

1) 인적자원 확보의 의의

호텔기업은 지속적으로 경영활동을 수행하기 위해 '일하는 사람'을 필요로 한다. 퇴직한 종사원의 자리를 충원하기도 하고, 새로운 지식과 기술을 지닌 사람을 필요로 하기도 한다. 이와 같이 호텔기업의 경영활동에 필요한 사람을 모집하고 선발하는 것을 인적자원 확보라 한다.

인적자원 확보는 성공적인 경영활동에 필요한 인적자원을 기업의 내·외부로부터 공급받는 과정이다. 따라서 인적자원 확보는 첫째, 몇 명의 종업원이 언제 필요한가? 둘째, 이들을 어떤 방법으로 선발하는 것이 좋은가? 셋째, 기업내부에서 충원하는 것이 효율적인가, 아니면 기업외부에서 충원하는 것이 효율적인가? 등에 관한 의사결정과정이라 할 수 있다.

2) 인적자원 확보의 대안

호텔기업은 내·외부로부터 인적자원을 모집과 선발을 통해 부족한 인적자원을 충당할 수 있다. 그러나 일반적으로 내·외부로부터의 인적자원 모집과 선발을 실시하기 전에 인적자원 확보의 다른 대안들을 모색하기도 한다. 이는 신규채용 등이 기업에 많은 비용을 발생시키기 때문이다. 이러한 신규채용 등에 따르는 부담을 줄일 목적으로 고려되는 대표적인 인적자원 확보의 대안으로는 초과근무, 하도급, 임시직 고용, 리스(lease)고용, 아웃소싱(outsourcing), 다기능다역화 등을 들 수 있다.

(1) 초과근무

초과근무는 종업원으로 하여금 근로계약상에 정해진 정규근로시간을 초과하여 직무를 수행하게 하여 실제적인 근로시간을 증대시킴으로써 인적자원의 초과수요에 대응하는 방법이다. 이러한 초과근무를 통해 기업은 신구채용에 따르는 여러 가지 부담과 비용을 절감할 수 있고, 종사원에게는 초과근무에 따르는 초과근무수당으로 경제적 소득이 증가하는 장점이 있으나, 초과근무시간대는 물론 장기간의 초과근무로 인한 누적된 피로로 생산성과 서비스 품질 등 호텔기업의 경영성과가 저하될 수 있다.

(2) 하도급

하도급은 현재의 인적자원으로는 감당할 수 없는 목표생산량의 일부 혹은 생산기능의 일부를 다른 기업에게 의뢰함으로써 인적자원의 초과수요에 대응하는 방법이다. 즉 목표생산량을 달성하기 위해서 필요한 인적자원을 신규로 채용하는 대신 현재 보유하고 있는 인적자원의 공급을 초과하는 생산량이나 생산기능을 다른 기업에 의뢰하여 대신 생산하게 하는 것이다. 이러한 하도급은 단기적 혹은 계절적으로 제품이나 서비스에 대한 수요가 증가하여 인적자원에 대한 수요가 증가한 경우에 적절한 대응방법이지만, 장기적이고 지속적인 인적자원의 초과수요에 대한 대응방법으로는 적절하지 않으며, 품질관리에 문제가 생길 가능성이 단점으로 지적되고 있다.

(3) 임시직 고용

임시직 고용은 비교적 단기간의 근로계약을 통해 인적자원의 단기적인 수요초과에 대응하는 방법이다. 따라서 세력의 약화를 염려한 노동조합의 반발과 임시직 근로자의 낮은 애사심과 낮은 근로의욕 등에 따른 낮은 생산성과 낮은 서비스품질 등의 문제점에 노출되기 쉽다.

(4) 파견직 종사원 · 아웃소싱 · 다기능다역화

파견직 종사원은 인적자원의 리스를 전문으로 하는 리스회사로부터 필요한 인적자원을 공급받아 인적자원의 초과수요에 대처하는 방법이며, 아웃소싱은 호텔기업의 핵심적인 경쟁력 확보와 무관한 활동을 다른 기업에 의뢰하는 인적자원 확보방법이며, 다기능다역화는 종사원으로 하여금 다양한 기능과 역할을 습득하게 함으로써 특정부문에서의 인적자원 초과수요에 대처하는 것이다.

3) 인적자원 확보과정

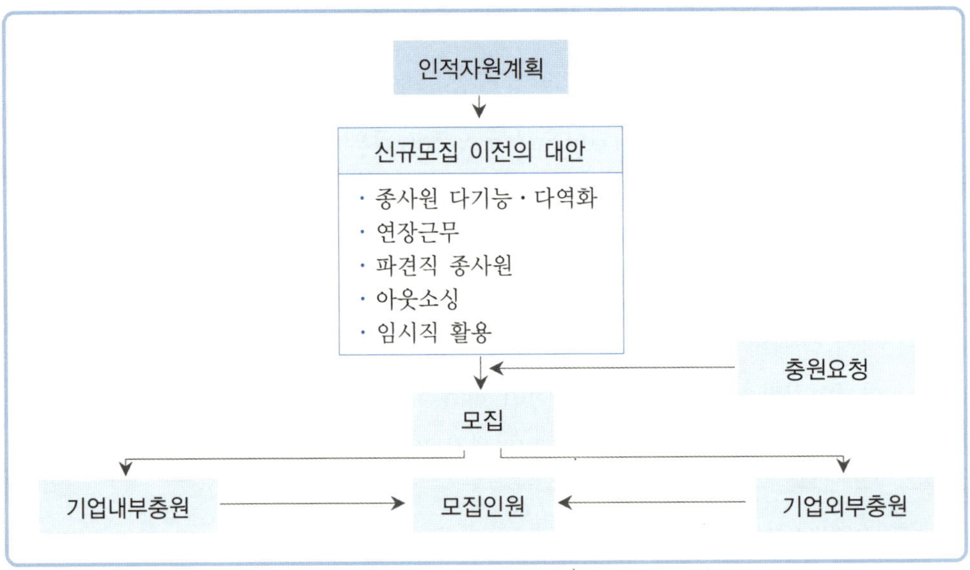

[그림 6-1] 인적자원의 확보과정

2. 모집

채용관리의 실질적인 첫 단계는 모집활동이다. 모집은 종사원 채용을 전제로 지원자를 모으는 과정이라 할 수 있다. 이러한 모집활동은 어디서 지원자를 모으느냐의 문제인 모집원천을 기준으로 외부모집과 내부모집으로 구분할 수 있다.

외부모집은 기업외부의 노동시장에서 지원자를 모으는 모집방법인 반면, 내부모집은 기업내부의 기존종사원을 대상으로 지원자를 모으는 방법이다. 따라서 모집은 내부모집과 외부모집의 강점과 한계점을 파악하여 적절한 모집원천과 모집방법에 대한 의사결정과정이라고 할 수 있다.

1) 내부모집

내부모집은 현재의 직원 중에 승진(promotion)이나 전직(transfers), 직무순환(job rotation), 재고용(rehires)과 재소환(recalls)을 통하여 필요한 인력을 충원하는 경우이다.

2) 외부모집

외부모집은 사내에 적합한 인적자원이 없는 경우 그 공급원을 외부에서 찾아야 한다. 외부모집에 의존하는 경우에는 채용과정의 비용 및 교육비용이 많이 소요되는 반면, 외부 또는 경쟁업체에 관한 새로운 정보를 얻을 수 있고, 많은 사람들 중에서 선택할 수 있으므로 더 우수한 사람을 채용할 수 있다는 이점이 있다. 또한 계약직 파견 인원을 사용함으로써 인력의 유연성을 늘릴 수 있다.

3. 선발

모집은 지원자를 구하는 활동인 반면, 선발은 지원자 중 성공적으로 직무를 수행할 종사원을 선별하는 활동이라고 할 수 있다. 기존의 호텔에서는 지원자의 자격요건 여부와 인사부서의 담당자의 면접으로 채용하는 경우가 많다.

구체적인 선발과정을 살펴보면 우선 선발은 맡겨질 직무와 직무수행자 간의 적합성을 평가하는 활동이며, 가장 이상적인 선발의 방법은 일정기간 직무를 수행하게 하는 것이다. 그러나 선발과정으로서의 직무수행은 도덕적인 문제와 비용상의 문제를 발생시킨다. 따라서 맡겨질 직무와 직무수행자 간의 적합성을 평가하는 대안으로서의 선발은 일반적으로 6단계를 거쳐 이루어진다. 그러나 언제나 모든 단계를 거치는 것은 아니고, 기업의 상황과 모집직무의 특성에 따라 몇 단계가 생략되기도 하며, 인턴십(intership)을 선발의 전제조건으로 하는 특수한 단계가 추가되기도 한다.

서류전형 → 선발시험 → 면접 → 경력 및 신원조회 →
신체검사 → 선발결정

[그림 6-2] 인적자원의 선발

제2절 호텔 교육훈련관리

1. 교육훈련의 의의

호텔경영에 있어서 교육훈련이란 호텔기업이 그 목적을 달성하기 위하여 고용한 직원의 업무수행능력을 향상시켜 나가는 과정이라고 말할 수 있다. 즉 고용한 종사원에 대하여 그들의 업무수행능력을 향상시킴으로써 호텔기업의 목적을 달성하고자 하는 중요한 경영관리활동이다. 그러므로 교육훈련은 현장 또는 하위직 종사원에서부터 감독자·관리자 및 경영자에 이르기까지 호텔 내의 모든 사람에게 필요하며, 일정시기마다 계속적으로 실시되어야 한다.

이러한 교육훈련은 신입사원의 경우 교육훈련을 통해 가능한 빠른 시일 안에 조직의 방침이나 규칙에 익숙하게 하며, 현재 재직 중인 직원들은 교육훈련을 통하여 내부이동에 대비한 기능의 다양화 및 승진에 대비한 능력의 질적 향상을 꾀할 수 있다. 또한 교육훈련은 새로 도입되는 신기술이나 기법에 대하여 종사원들의 신속한 적응을 도모할 수 있을 뿐만 아니라 종사원의 능력을 최대한 발휘할 수 있도록 하기 때문에 직원의 불만·결근율·이직률 등을 감소시키기도 한다.

따라서 교육훈련은 직원의 지식·기술·태도를 향상·발전시켜서 종사원들로 하여금 그들의 직무에 만족을 갖게 하고, 직무수행능력을 더욱 발전시켜 그들로 하여금 한층 더 중요한 직무를 수행할 수 있도록 하는 데 있다.

2. 교육훈련의 목적

교육훈련의 목적은 경영자측에서 볼 때에는 인재육성에 있고, 종사원측에서 볼 때에는 자기계발에 있다. 따라서 교육훈련의 목적은 첫째, 지식과 기능을 전달함으로써 유능한 인재를 육성하고 그를 통하여 조직의 기술을 축적하는 것이며, 둘째, 경영의 목표달성을 위해서는 경영의 목표를 잘 이해하고 그것을 실행시킬 수 있는 구성원의 커뮤니케이션과 그에 따른 동기유발의 확립이 되어야 하고, 셋째, 교육훈련은 자기발전의 욕구를 충족시켜 준다. 인간은 누구에게나 자기발전에 대한 욕구를 지니고 있는바, 이를 충족시킬 수 있는 주요한 수단이 능력개발을 위한 교육훈련이다. 그러므로 지식과 기능의 개발을 통해서 직원들은 자아발전의 욕구충족을 기하게 되고, 또 능력개발을 통해서 성취동기를 육성시킬 수 있다.

3. 교육훈련의 분류

1) 교육훈련 실시 대상에 따른 분류

(1) 신입사원 교육훈련

신입사원(orientation training) 교육훈련은 호텔에 처음 입사한 종사원을 대상으로 하는 교육훈련으로써 호텔에 대한 신뢰감과 업무에 대한 흥미 및 동기부여, 호텔종사자로서 지켜야 할 각종 규율, 회사생활에 필요한 기초지식의 부여 등에 대하여 교육시킴으로써 새로운 것에 대한 심리적 불안감을 해소시키기 위한 교육훈련이다. 구체적인 내용은 호텔의 조직구조, 인사방침, 호텔의 개요, 종사원으로서 갖추어야 할 기본 매너나 에티켓 및 언어구사능력, 호텔의 각종 시설 및 제반규정, 안전관리 및 위생교육 등이다.

(2) 일반직원 교육훈련

일반직원 교육훈련(employee training)은 이미 종사하고 있는 일반직원들을 대상으로 계획된 교육훈련이다. 호텔에서는 일반직원들이 가장 최일선에서 호텔의 고객과 대면하는 관계에 놓여 있기 때문에 직무에 관한 기술을 전수하는 기능훈련을 하는 것이 가장 중요한 과제가 된다.

(3) 감독자 교육훈련

감독자는 현장에서 일반직원들을 일상적으로 감독하고 지도하는 임무를 띠고 있다. 따라서 감독자는 한편에서는 생산관리와 노무관리를 연결하고, 다른 한편에서는 일반직원과 경영자를 연결하는 중요한 위치에 있는 사람이다. 그러므로 감독자의 교육훈련(supervisory training)은 일반직원의 지식이나 기능을 부여하는 것이 아니고, 감독자의 해당 업장에서 일어나는 모든 어려운 문제를 해결하는 능력을 연마하도록 하는 것이다.

(4) 경영자 교육훈련

호텔경영자에게 필요한 기본적인 직무능력은 장래에 대한 통찰력이다. 통찰력을 갖기 위해서는 호텔기업에 대한 넓은 지식, 예를 들면 내외 경제의 동향, 정부의 경제·금융시책, 제품이나 업계의 동향, 노사관계의 일반적 동향 등 외부 환경의 지식과 기업형태, 경영조직, 경영계획, 정보관리, 경영통제 등의 지식이 필요하다. 이와 같이 경영자의 교육훈련(executive development program)은 기업의 최고책임자로서 유연하고 고도의 판단력과 의사결정능력을 함양하고, 고도의 경영관리능력을 양성하며, 훌륭한 통솔력과 지도력을 쌓고, 나아가 기업의 대표자로서 폭넓은 식견과 행동력을 함양하는 데 있다.

2) 교육훈련의 실시자에 따른 분류

(1) 작업집단구성원에 의한 교육훈련

작업집단구성원에 의한 교육훈련은 부여받은 직무를 수행하면서 직무수행과정을 통해 상사·선배·동료 등 작업집단구성원으로부터 직무수행에 필요한 기능이나 지식을 교육훈련받는 방법으로 이를 OJT(On the Job Training)라고 부른다. 과거에는 종사원들이 현재에 담당하고 있는 업무를 수행하는데 요구되는 능력을 분석하고, 부족한 능력을 길러 주는 것이 중요 목표 중 하나였으나, 근래에 와서는 현장에서의 문제해결 능력이나 미래의 업무수행에 필요한 잠재능력의 배양에 더욱 치중하고 있다.

(2) 전문가에 의한 교육훈련

전문가에 의한 교육훈련은 전문가가 교육훈련을 주관하는 형태로 일반적으로 직무수행에서 시간적·공간적으로 벗어난 곳에서 실시되므로 Off JT(Off the Job Training)라고 부른다. 다시 말하면 각 분야의 전문적인 지식이나 기술습득을 위해서 종사원들을 외부기관에 파견해서 교육훈련을 시키는 것을 통틀어서 사외교육훈련이라고 칭할 수 있다. 각종 세미나에 참가시키는 교육, 해외연수 등도 모두 사외교육훈련에 포함된다.

(3) 종사원 본인에 의한 교육훈련

종사원 본인에 의한 교육훈련은 종사원 스스로 교육훈련을 주관하는 교육훈련방법으로 자기계발(self-development)이라고 부른다. 자기계발이란 수동적인 형식에 지배받지 않고 스스로 자기 업무의 목표달성에 대하여 부족한 점을 포착하여 보완해 가는 자기이해의 자기훈련방식이다. 이는 자율성이 증대되는 부수적인 효과가 있으나, 높은 수준의 교육훈련은 이루어지기 어렵다.

〈표 6-1〉 **교육훈련의 종류와 내용**

교육훈련의 종류	내 용
사내교육 (on-the-job training)	① 계층별 교육 · 기본교육-신입사원교육, 승진자 교육훈련 · 육성교육-직무개발훈련, 전산교육, 업무개선교육, 지배인교육 ② 직무교육 · 직급별 업무교육, 서비스 능력향상교육, 서비스 표준화교육 ③ 외국어교육 ④ 기타 소양교육
사외교육 (off-the-job training)	외부전문가들에 의해 실시되는 직무 및 소양교육
자기계발 (self-development)	종사원들이 개별적인 노력으로 자기능력개발
해외교육	① 우수종사원 해외연수 ② 호텔체인본부 위탁교육

제3절 호텔 인사고과관리

1. 인사고과의 개념

인사고과는 종업원이 기업의 목적달성에 얼마나 기여하고 있는지 혹은 기여할 수 있는지에 대한 평가과정이다. 이러한 인가고과는 능률평정(efficiency rating), 종업원평정(employee rating), 근무평정(service rating), 성과평정(performance rating) 등으로 불려진다.

인사고과는 조직에서 평가수단으로서 가장 중요할 뿐 아니라, 현대의 인적자원 관리의 거의 모든 영역에 영향을 미치는 기초자료로서의 역할을 하고 있다. 따라서 인사고과의 중요성은 첫째, 직원의 능력개발을 위한 기초자료가 되고, 둘째, 인사고과는 업적향상을 위한 기초자료가 되고, 셋째, 인사고과는 직원의 처우를 위한 중요한 기초자료가 된다.

그리고 인사고과는 '종사원이 기업의 목적달성에 얼마나 기여하고 있는지'에 대한 평가인 성과고과와 '종사원이 기업의 목적달성에 얼마나 기여할 수 있는지'에 대한 평가인 능력고과로 구분될 수 있다. 성과고과는 이미 발휘된 업적을 평가한다는 의미에서 업적고과라 하며, 능력고과는 종사원이 보유·발휘할 수 있는 잠재적 능력을 평가한다는 의미에서 보유업적고과라고 한다.

2. 인사고과의 목적

인사고과는 기업에 대한 종사원들의 능력과 기여도를 객관적으로 평가하여 종사원들의 승진, 급여, 배치 등의 기초자료로 활용된다. 인사고과의 목적은 첫째, 조직과 직무의 개선에 활용할 수 있고, 둘째, 채용관리의 개선을 위한 유용한 정보를 제공하며, 셋째, 실제로 배치, 이동과 승진에 가장 많이 활용되고 있다. 넷째, 결과는 임금관리에 많이 활용되어 왔고, 또 그 타당한 근거를 가지고 있으며, 다섯째, 교육과 개발영역이 강조되고 있다. 그 외에도 인사고과는 작업조건의 개선, 노사관계의 개선, 인간관계의 개선 등에 적극적으로 활용될 여지가 많다.

전통적 인사고과는 과거지향적 입장에서 과거의 실적에 대한 차별적인 상벌시행의 기초자료로서 사용하는데 목적을 두었고, 오늘날 인사고과의 목적은 미래지향적인 입장에서 개인의 육성과 적재적소에의 배치 등 적극적인 능력개발의 활용에 그 목적을 두고 있다.

3. 인사고과의 평가유형과 평가방법

1) 평가유형

(1) 직속상사에 의한 평가

직속상사에 의한 평가는 가장 많이 사용되는 고과방법이다. 직속상사에 의한 평가는 피평가자들에 의한 통제 때문에 피평가자를 위협하는 수단으로 사용될 수도 있지만, 평가결과로 인해 부하들이 받을 좋지 못한 결과를 감안하여 평가하기를 꺼린다는 단점도 있을 수 있다. 한편 부하들은 상사의 평가에 대한 신뢰성에 의문을 제기하기도 한다.

(2) 차상급자 평가

제2차 고과자에 의한 평가라고도 하며, 이는 직속상사(제1차 고과자)에 의한 평가로만 이루어질 경우 그의 견해가 지나치게 반영되는 것을 견제하기 위해 사용된다. 그러나 차상급자는 직속상사보다도 평가정보를 얻을 수 있는 기회가 매우 적다. 즉 피평가자와의 접촉기회가 적고, 행동을 관찰할 기회도 적다. 또한 일반적으로 차상급자가 평가해야 할 부하의 수가 많아지기 때문에 평가의 정확성을 기하기가 어렵다. 따라서 평가결과에 대한 신뢰성이 더욱 떨어진다.

(3) 자기평가

자기평가는 직무수행과 직무성과에 관련된 정보의 양이 풍부하다는 것이 가장 큰 장점이다. 이 평가는 직무만족을 향상시키고, 평가과정에 대한 불만이 적으며, 성과검토에 있어서 방어적인 자세를 취하지 않는다는 장점이 있다. 그러나 자신의 성과를 다른 평가자들보다 높게 평가하는 경향을 보인다는 것이다. 이러한 자신에 대한 과대평가를 감안할 때 자기평가를 유일한 고과방법으로 사용할 것이 아니라, 단지 보완적인 수단으로 활용하는 것이 바람직하다.

(4) 동료에 의한 평가

이 평가는 상사에 의한 평가보다 신뢰도·타당도가 높은 것으로 알려져 있다. 동료에 의한 평가는 상사가 하급자들의 성과행위에 대한 관찰기회가 부족한 경우에 적합하다. 또한 팀워크가 강조되고 종사원의 참여문화가 정착된 조직의 경우에 적합한 방법이다. 그러나 동료간의 우정 및 친밀감 등으로 인해 평가에 영향을 미칠 가능성 또는 경쟁적인 상황하에서는 솔직하지 못한 평가를 할 가능성 있다.

(5) 부하에 의한 평가

상향식 평가로서 부하가 상사의 업무수행태도·능력 및 부하와의 관계 등을 평가하는 것이다. 부하들은 상사의 행위를 직접적으로 관찰할 수 있다는 이유로 점차 확산되고 있다.

(6) 외부인에 의한 평가

외부인에 의한 평가는 상대적으로 객관성 확보가 필요한 상황에 매우 유용하다.

외부인은 주로 고객 또는 외부관련업체로서 외부인이 체계적인 방법으로 자료를 수집하고 대표성 있는 행위들을 평가한다면 매우 유용한 자료를 제공할 수 있다. 고객의 관여도가 높은 호텔에서 상사가 부하의 행위를 관찰하기 힘든 경우에 고객의 의한 평가는 중요한 평가정보를 제공할 수 있다.

2) 평가방법

인사고과기법 중 언제 어디서나 바람직한 인사고과기법은 존재하지 않는다. 각각의 인사고과기법은 나름대로의 바람직한 장·단점을 지니고 있으므로 기업의 규모와 직무의 특성 및 비용 등을 종합적으로 고려하여 상황적 관점에서 선택하여야 한다.

〈표 6-2〉 **인사고과방법**

종 류	내 용
서열법	피고과자의 성과·능력·태도 등 고과내용을 비교하여 상대적 순위를 매기는 방법이다.
평정척도법	사전에 마련된 척도를 근거로 하여 평정자로 하여금 체크할 수 있도록 하는 방법이다.
체크리스트법	피고과자의 능력, 태도, 작업행동 그리고 성과 등에 관련되는 표준행동을 제시하고 표준행동을 이행했는지 혹은 얼마나 이행했는지를 평가하는 방법이다.
강제할당법	미리 정해 놓은 비율에 맞추어 피고과자를 강제로 할당하는 방법이다.
중요사건서술법	고과자가 일상적인 근무생활에서 관찰 등을 통해 피고과자가 보여준 특별히 효과적인 혹은 비효과적인 행동 내지 업적을 기록하였다가 고과시점에서 이를 평가하는 고과방법이다.
강제선택서술법	고과자로 하여금 동일한 고과내용에 대한 상반된 서술문 중 반드시 하나를 선택하게 하거나 고과내용에 대한 복수의 서술문 중 하나를 강제로 선택하게 하는 방법을 통해 피고과자를 평가하는 방법이다.

종 류	내 용
목표관리법	해당직원의 직속상사와 협의하여 작업목표량을 결정하고, 이에 대해 성과를 부하와 상사가 같이 측정하고 고과하는 방법이다.
평가센터법	평가를 전문으로 하는 평가센터를 만들고, 여기에서 다양한 자료를 활용하여 고과하는 방법이다. 하부관리자의 평가에 특히 유효한 방법이다.
행동과학에 기초를 둔 고과	경영성과가 어떻게 달성되었으며, 어떤 직무수행이 더 나은 경영성과를 초래하는가를 동기유발의 행동과학적 입장에서 평가하는 방법이다. 여기에는 반드시 관찰과 보고를 담당할 유능한 고과자가 있어야 한다.

제4절 호텔 임금관리

1. 임금관리의 의의

일반적으로 임금이란 노동의 대가로서 고용자가 근로자에세 지급하거나 노동을 제공한 대가로 받는 보수를 말한다. 우리나라 근로기준법에 의하면 임금이란 "사용자가 근로의 대상으로 근로자에게 임금, 봉급, 기타 여하한 명칭으로든지 지급하는 일체의 금품을 말한다"고 정의하고 있다.

임금관리란 노동을 제공한 근로자의 입장에서는 노동력의 대가, 즉 보수의 개념으로 이해되지만, 사용자의 입장에서는 생산요소의 구입에 따른 비용으로 이해된다. 따라서 이들 양자의 입장은 대부분 이해가 크게 상충하고 있다. 사용자는 가능한 한 적은 비용으로 필요한 인력을 확보할 수 있기를 기대하는 반면, 근로자는 보다 좋은 조건의 임금수준에서 일하게 되기를 희망한다.

임금관리는 상반되는 이해관계를 조정하여 상호 이익의 방향으로 임금제도를 형성함으로써 노사관계의 안정을 도모하고, 이를 바탕으로 노사협력에 의한 조직의 생산성 증진과 종사원들의 생활향상을 달성하는 데 그 목적이 있다.

2. 임금관리의 영역

임금관리는 크게 임금수준의 관리, 임금체계의 관리, 임금형태의 관리 등 세 가지 측면으로 구분되며, 임금수준의 적정성, 임금체계의 공정성, 임금형태의 합리성이 상호 보완적으로 작용할 때 최대의 효과를 얻을 수 있다. 임금수준의 관리는 조직구성원의 모두에게 지급하는 평균임금과 임금액을 어떻게 정할 것인가 하는 문제를 다루고, 임금체계의 관리는 개별임금총액이 어떻게 형성되어야 하는가를 다루며, 임금형태의 관리는 임금의 지급방법을 다룬다.

1) 임금수준의 관리

임금수준이란 기업의 종사원 1인당 지급되는 임금액의 수준을 의미한다. 임금은 기업측에서 보면 노무비로서 비용문제로 다루어지고, 종사원 측에서는 생존과 관련된 소득의 원천이다. 일반적으로 임금수준이 높으면 인건비도 높은 수준을 유발하기 때문에 경영자는 임금수준을 낮추려는 노력을 하게 되며, 임금수준은 조직에서 활동하기를 희망하는 결정요인이 되기 때문에 적정한 임금수준을 유지하는 것은 매우 중요한 과제가 된다.

임금수준을 결정하기 위한 요인으로는 그 조직을 둘러싸고 있는 기업외적 요인과 기업내적인 요인에 의해서 결정된다. 기업외적인 요인으로는 표준생계비, 사회적 영향, 경제적 환경, 정부의 규제 등이 있다. 한편 기업 내적인 요인은 호텔조직의 규모와 역사, 노동생산성, 경영방침 등에 의해서 결정된다. 임금수준의 결정은 임금수준의 결정요인들을 종합적으로 고려하여 결정되어야 하며, 생계비 보장의 원칙, 기업의 지급능력의 원칙, 사회적 균형의 원칙이라고 할 수 있다. 즉 직원의 생계비를 임금수준의 하한선으로 삼고, 기업의 지급능력을 임금수주의 상한선으로 간주하고 있는 범위에서 사회적 균형을 고려하여 임금수준이 결정되는 것이 바람직하다고 할 수 있다. 그러나 어떤 사회에서도 현실적으로 임금의 격차는 다양하게 존재한다. 임금격차는 산업별, 지역간, 직종별, 성별, 학력별 등에 의해 발생되며, 이는 기업외부의 임금격차와 기업내부의 임금격차로 나누어진다. 기업외부의 임금격차는 기업간의 임금차이를 말한다. 그리고 기업내부의 임금격차는 직종별, 계층별, 직능별의 격차 이외에도 속인적인 격차로 연령별, 성별, 학력별차이 등이 있다. 호텔기업에서도 기업외부의 임금격차는 등급별 차이와 지역별에 따라 차이가 심하다고 할 수 있으며, 내부의 임금격차도 일반기업과 비슷한 차이가 있다.

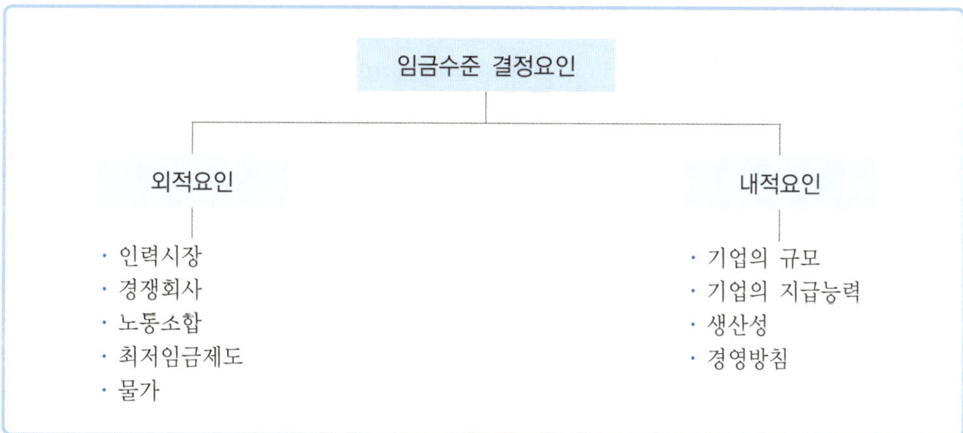

[그림 6-3] **임금수준의 결정요인**

2) 임금체계의 관리

임금수준관리가 기업의 전체적인 임금수준의 결정과 관련된 총액인건비관리라고 한다면 임금체계관리는 개별종사원에게 어떠한 항목으로 어떤 기준에 의해 공평하게 배분하느냐 하는 문제를 다루는 개인별 인건비관리라고 할 수 있다. 따라서 임금체계란 임금항목의 구성내용으로서의 의미와 개별임금의 격차를 결정하는 기준의 차이에 따른 임금체계의 성격으로서 두 가지 의미를 갖고 있다. 첫 번째 의미로서의 임금체계의 초점은 어떠한 항목을 선정하고 그 구성비율은 어떻게 할 것인가에 두어지며, 두 번째에서는 공정성의 원칙을 달성하여 근로의욕을 제고시키고 노사대립의 완화를 위해서 어떤 기준에 의해 임금을 배분하는가의 문제가 그 중심내용이 된다. 그러나 호텔기업의 임금의 구성은 고정적 임금, 변동적 임금(초과근무수당, 연・월차수당, 봉사료 등)과 상여금으로 구성되어 있다.

호텔의 기본급은 다른 기업에 비해 매우 낮은데, 그 이유는 호텔종사원들의 과다한 팁(tip)요구로 인한 고객의 불편을 덜어주며 아울러 종사원의 처우개선과 서비스 평준화를 기한다는 취지하에 1979년 8월 1일부터 도입된 봉사료가 임금산정의 기초인 기본급에서 제외되어 있기 때문이다. 이러한 봉사료는 그 배분방식도 각 호텔마다 상이하며 종사원의 성과나 능력이 임금과 연계되어 있지 못하여 결국 종사원들은 고객에게 만족스러운 질적 서비스를 제공하지 못하고 있는 것이다. 그리고 종사원의 능력과 성과를 임금에 연계시킴으로써 임금의 도구성을 높여 동기부여를 할 수 있도록 임금체계를 개선해야 할 필요성이 대두되고 있다.

3) 임금형태의 관리

임금형태란 임금을 구성원들에게 지급하는 방식으로서 종사원들의 사기와 동기부여 등에 직접적인 영향을 미치며, 성과 향상과도 관련이 높다. 따라서 이를 효과적으로 관리함으로써 조직을 발전시킬 수 있다. 임금형태의 기본적인 유형은 시간급제와 성과급제로 구분할 수가 있다. 시간급제란 수행한 작업의 양과 질에 관계없이 근로시간을 기준으로 하여 임금을 산정하여 지급하는 방식이다. 성과급은 근로자의 작업에 대한 노력과 능률의 정도를 고려하여 지급하는 방식으로 능률이 높으면 높은 임금을 지급함으로써 노동생산성을 향상하고자 하는 임금형태라고 할 수 있다. 한편 경제구조변화에 따라 도입된 연봉제가 있는데, 매년 회사와 본인의 임금에 대해서 개별협상을 하고 매월 받는 임금방식을 말한다.

제5절 호텔 인사이동관리

호텔 인사이동관리란 종사원이 어떤 호텔에 고용되어 특정한 직무에 배치된 이후, 능력이나 직무내용의 변화 또는 호텔운영상의 여러 가지 여건변화에 따라 수직적・수평적으로 배치상의 변화를 가져오는 인적자원관리상의 절차를 의미한다. 종사원들은 현재보다 나은 직무, 보수와 좋은 작업환경을 추구하려는 경향이 높기 때문에 인사이동의 합리적인 운영은 종사원들의 사기와 근로의욕을 고취시킬 수 있음은 물론 생산성과 품질도 향상시킬 수 있다. 인사이동에는 배치전환, 승진, 이직관리 등으로 구분할 수 있다.

1. 배치전환

1) 배치전환의 의의

각 직무에 종사원을 배속하는 것을 배치(placement)라 하고, 일단 배치되었던 종사원을 현재의 직무에서 다른 직무로 재배치하는 것을 전환(transfer)이라고 한다. 전환이란 새로 담당할 직무가 임금수준, 책임, 지위 등에 있어서 종전의 직무와 차이가 없는 수준에서 수평적으로 인사이동을 하는 것을 말한다. 이러한 배치전환은 조직경영상 인력의 효율적 활용과 조직목적의 효과적인 달성을 위하여 이루어진다.

2) 배치전환의 유형

배치전환의 유형으로는 이동범위, 이동목적에 따라서 분류할 수 있다. 이동범위별 분류는 업무의 내용이 유사한 부서간에 수평적으로 이루어지는 부서간 배치전환(inter-section transfer), 부와 부 사이 또는 부문과 부문 사이의 부문간 배치전환(inter-department transfer), 회사 전체를 통하여 필요한 인력을 배치전환시키는 전사적 배치전환(overall-firm transfer)이 있다.

이동목적별 분류는 새로운 기술의 발달로 노동의 수요가 점차 감소되는 직무로부터 노동의 수요가 증대되거나 이직으로 인하여 결원이 생긴 직무로 옮기는 생산상황에 따른 배치전환(production transfer), 경제불황이나 조업단축으로 인하여 전체적인 인원조정이 필요할 때 부서간에 인력을 이동하는 고용안정을 위한 재배치전환(replacement transfer), 하루에 두 번 이상의 교대근무반을 운영하고 있는 경우, 종업원을 하나의 시간대에서 다른 시간대로 이동시키는 근무교대를 위한 배치전환(shift transfer), 최초의 배치가 적당치 않았거나, 감독자와 동료 사이에 불화가 있거나 건강상태 등의 이유로 실시되는 교정적 배치전환(remedial transfer)이 있다.

2. 승진관리

1) 승진의 의의

승진(promotion)은 더 높은 직위로 수직적 상향 이동함을 의미한다. 승진으로 인해 책임이 증가하며, 위신이나 지위가 격상되고 임금도 증가하게 된다. 또한 근무환경이나 근무조건의 향상을 수반하며, 직위의 상징도 달라진다. 반면 승급(upgrading)은 소규모의 승진으로 동일한 직무 내에서 보다 책임이 중하고 임금이 높은 직무로의 이동을 의미한다. 일반적으로 승급에 있어서도 책임과 임금수준은 올라가지만, 그 정도가 승진에는 미치지 못한다.

그리고 인적자원의 계획과 확보라는 관점에서 볼 때, 승진은 조직의 인력수요를 내부의 인력자원으로 충원하는 것을 의미한다.

2) 승진기준

승진기준은 승진에만 적용되는 것이 아니라 배치・전환・교육훈련・인사고과 등 인사관리 전반에 영향을 미친다. 또한 시대적 환경변화와 기업의 특성 등 제반 상황에 따라서 달리 적용될 수 있지만, 승진기준은 본질적으로 업적 및 성과와 장래에 있어서의 능력발휘에 대한 기대가능성이다. 여기서 대체로 일반화된 승진기준을 살펴보면 첫째, 근무평가의 결과, 둘째, 승진시험의 결과, 셋째, 연공평가, 넷째, 학력, 다섯째, 경력평가, 여섯째, 교육훈련의 결과, 일곱째, 인사기록 등이다.

3. 이직관리

1) 이직의 의의

이직이란 기업과 종사원간의 근로계약 종결에 따른 인사이동이다. 이직은 이직을 결정하는 주체 여부에 따라 자발적 이직과 비자발적 이직으로 구분된다. 일반적으로 자발적 이직을 사직이라고 하며, 비자발적 이직은 종사원의 의사와는 관계없이 고용주나 조직의 입자에서 강제되는 것으로 면직이라고 하는데, 일시해고, 징계해고, 정년퇴직 등이 여기에 포함된다. 이러한 이직은 순기능적인 면과 역기능적인 면이 있는데, 이직은 경우에 따라서는 조직에서 무능력자를 제거하거나 조직에 새로운 분위기를 창조하여 진취적인 조직으로서의 전환을 모색할 수 있으며, 이직 당사자로서는 자기발전의 기회가 될 수 있기 때문이다.

2) 이직의 원인

호텔기업의 인적자원관리상의 가장 큰 고충 중의 하나가 종사원 이직이다. 빈번한 이직은 호텔 서비스의 질적 저하와 나아가서는 호텔 전체적인 이미지 관리에 큰 영향을 끼치는 것으로 나타나고 있다. 이러한 이직의 원인은 일반적으로 한 가지 요인에 의해서 존재하는 것이 아니고, 여러 가지 복합적인 요인에 의해서 작용하게 되는데, 주요 원인은 급여 및 복리후생수준의 불만족, 승진불만, 근무환경의 불만족, 동료 및 감독자와의 마찰, 비합리적인 인사제도 등을 들고 있다. 특히 종사원의 팀워크가 요구되는 서비스기업인 경우에는 과다한 이직에 따른 정상적인 업무를 수행하지 못하고 기능이 마비되기 쉽다. 따라서 호텔에서는 자발적 이직을 감소시키는 방안을 수립하는 것이 필요하다.

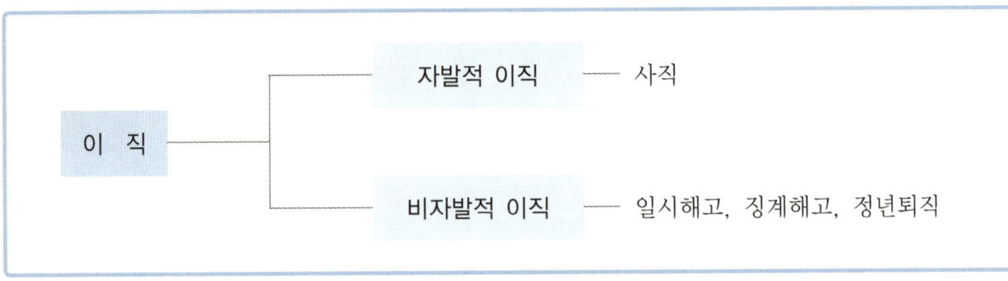

[그림 6-4] 이직의 분류

3) 이직에 대한 대책

호텔에 있어서 과다한 이직은 훈련과 개발비용, 조직운용상의 혼란, 조직구성원의 사기저하, 부정적인 사회인식 등을 야기시킨다. 이와 같이 이직은 종사원들에게는 물론 호텔조직에도 영향을 미치기 때문에, 과다한 이직을 막고 호텔조직의 안정성을 확보하며, 경쟁적인 상품의 생산으로 기업이 성장하기 위해서는 상품을 생산하는 종사원들이 호텔에 바라는 것이 무엇이며, 왜 이직을 하는가 하는 이직 결정요인을 파악하여 대처해야 할 것이다.

이직을 감소시키는 방안으로 종사원들을 위한 고충처리기구 또는 인사상담제도를 활용하여 이직에 대한 사전 예방을 실시하고, 교육훈련을 통하여 문제해결 능력을 키워줄 수 있다. 사내 친목단체 활성화를 통하여 인간적인 유대관계를 강화하여 건전한 사내분위기를 형성해야 할 것이다. 조직의 수직 및 수평적 의사소통을 원활하게 유지해야 하며, 인격적 모독 및 부당한 대우가 없도록 감독관계를 강화해야 할 것이다. 나아가 건전한 노사관계를 형성하여 대립보다는 타협과 협력을 통한 노사문화를 정착시켜 합리적인 기업문화를 만들어야 한다.

제6절 호텔 복리후생관리

1. 복리후생의 의의

복리후생제도는 기업에게는 서비스품질의 향상, 생산성의 향상, 노사관계의 안정, 건전한 기업문화의 발전을 가져다주며, 종사원에게는 생활수준 향상, 건강증진, 즐거운 삶을 유지시켜주는 기능을 가진다. 이와 같이 기본임금과 수당 그리고 성과급 이외에 종사원들의 경제적 안정과 생활의 질을 향상시키기 위한 간접적인 보상을 복리후생이라고 한다. 다시 말하면 기업이 급여로서 임금 이외의 수단에 의하여 종사원들의 노동력을 확보·유지·발전시켜 종사원이 가진 능력을 최고도로 발휘하게 함으로써 생산성 향상을 도모하고 조직을 번영토록 함과 동시에 종사원의 경제적·문화적 생활향상을 도모하는 목적을 가지고 있다.

〈표 6-3〉 복리후생의 효과

종 사 원	사 용 자
· 사기가 향상된다. · 경영자와의 관계가 개선된다. · 불만이 감소된다. · 고용이 안정된다. · 기업방침 및 목적에 적극 참여한다.	· 생산성 향상을 가져온다. · 팀워크가 높아진다. · 이직이 감소된다. · 인간관계가 개선된다 · 채용·훈련비용이 절감된다.

2. 복리후생의 형태

1) 법정 복리후생제도

법정 복리후생제도란 기업이 종사원의 개인적 의사나 기업의 자율적 방침과는 관계없이 법률에 의해서 의무적으로 실시되어야 하는 복리후생시설이나 제도를 말한다. 여기서는 국민건강보험제도, 국민연금보험제도, 재해보험제도, 고용보험제도 등이 있다.

2) 비법정 복리후생제도

비법정 복리후생제도는 기업이 자체적으로 실시하는 임의적인 복리후생이기 때문에 호텔의 규모나 특성 및 경영자의 의지에 따라 그 제도가 많은 차이가 있다. 일반적으로 비법정 복리후생제도로는 주택대여와 주택소유를 위한 재정적 지원, 종사원과 가족의 교육비 지원, 급식·통근·구매 등 소비생활의 보조, 예금·융자와 같은 금융제도 등을 들 수 있다.

제7절 호텔 노사관계관리

1. 노사관계의 개요

1) 노사관계

노사관계는 근로자와 사용자와의 관계, 노동조합과 사용자 사이의 조직적인 관계를 말한다. 즉 노사관계는 고용주와 피고용자의 관계인 동시에 경영자와 노동조합과의 관계인 것이다.

오늘날 노사관계는 임금 및 근로조건의 유지·개선 등과 더불어 제기되는 노사갈등과 분쟁해소의 영역에서 노동 및 인적자원 개발과 더불어 기업의 경쟁력 강화의 영역으로 옮겨가고 있는 실정이다. 이미 많은 나라에서 노사관계의 관심영역이 소극적인 분쟁해소 중심에서 적극적인 노동개발 중심으로 이동하고 있다. 단체교섭과 경영참가 등이 노사관계에서 논의되는 중심점은 임금이나 근로조건 개선 등의 갈등관계에서 노동 및 인적자원 개발을 통한 노사 공존공영을 위한 기술축적과 혁신 등 이해공동관계로 보다 적극적인 노사관계의 이익를 찾고 있다. 물론 현대적인 노사관계의 이해 초점을 노동 및 인적자원 개발관계에 두고 있다고 해서 종래 전통적인 임금 및 근로조건 개선을 경시한다는 것은 아니다. 그러므로 오늘날 노사관계는 종속관계, 갈등 및 대립적 관계 등을 본질로 인식해서는 안되며, 근로자의 올바른 직업관에 의하여 협력관계 및 평화적 관계가 더 중요하며 산업평화 정착을 위한 생산성 향상에 그 목적을 두어야 한다.

2) 노동조합

노동조합은 근로자의 이익을 보호하고 대변하기 위한 조직으로서 임금근로자가 단결하여 임금 및 근로조건의 유지 · 개선을 위해 구성한 자주적 단체이다. 우리나라 노동조합법 제3조에는 "노동조합이란 근로자가 주체가 되어 자주적으로 단결하여 근로조건의 유지, 개선 기타 경제적 지위향상을 도모함을 목적으로 조직하는 단체 또는 그 연합체를 말한다"고 규정되어 있다. 즉 노동조합의 실질적 요건은 ① 근로자가 주체가 되어야 하며, ② 노동조합은 자주적으로 조직되어야 하며, ③ 목적은 근로조건의 유지 · 개선과 근로복지 향상에 있다. 그리고 우리 헌법 제31조에는 노동자의 3권인 단결권, 단체교섭권, 단체행동권을 보장하고 있고, 보장받은 단결권에 의해 조직되며, 그 목적을 달성하기 위하여 경제적 기능, 공제적 기능, 정치적 기능 등으로 나누어 그 활동을 전개하고 있다.

3) 단체교섭

단체교섭은 노동조합과 사용자 또는 사용자단체가 근로자의 근로시간 및 기타 근로조건에 관한 협의 체결을 위해 대표자를 통해서 집단적 타협을 모색하고, 또한 체결된 협약을 관리하는 절차와 행위를 말한다. 근로자 측에서는 교섭의 주체가 노동조합이라는 하나의 단체이며, 교섭은 근로자 당사자의 개별 비밀교섭이 아닌 다수의 대표자들에 의한 공개 교섭이라는 차원에서 단체교섭이라고 한다.

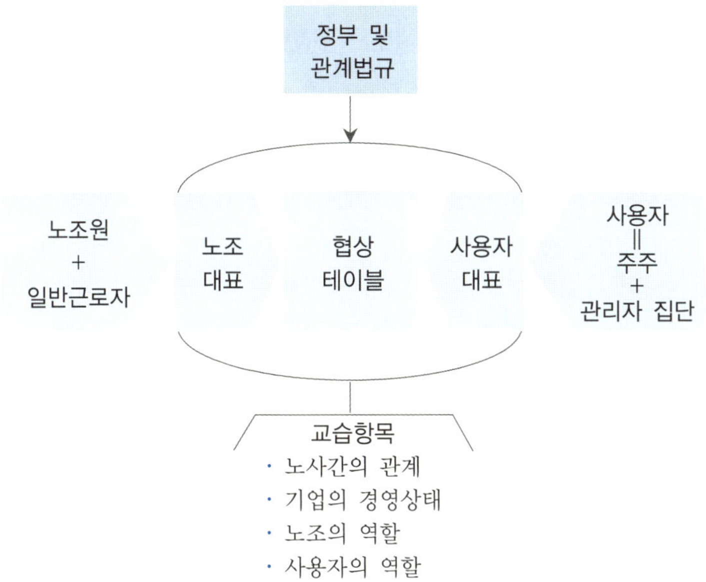

자료: 원융희·김준원, 호텔인적자원관리, 2003, p.484. 재작성

[그림 6-4] 단체교섭의 구성

4) 노사분규와 노동쟁의

노사분규 즉 노동쟁의란 “노동조합과 사용자 또는 사용자단체간에 임금·근로시간·복지·해고 기타 대우 등 근로조건의 결정에 관한 주장의 불일치로 인하여 발생한 분쟁상태(노동조합 및 노동관계조정법 제2조 제5호)”를 말한다. 즉 노동조합과 사용자 또는 사용자단체간의 분쟁상태를 총칭하는 개념이 된다. 분쟁상태란 단순히 서로 다툼이 있는 정도를 말하는 것이 아니고 충분히 단체교섭을 한 후에도 쟁의행위에 의하지 않고는 더 이상 효과적인 분쟁 해결방법이 기대되지 않는 상태이다.

쟁의행위는 “파업·태업·직장폐쇄 기타 노동관계 당사자가 그 주장을 관철할

목적으로 하는 행위와 이를 대항하는 행위로서 업무의 정상적인 운영을 저해하는 행위(노동조합 및 노동관계조정법 제2조 제6호)를 말한다. 쟁의행위가 정당성을 인정받으려면 주체, 목적, 수단이 정당하여야 한다.

근로자가 행하는 쟁의행위라면 어떤 경우라도 무제한적으로 인정되는 것이 아니라, 헌법이 쟁의권을 보장한 취지에서 적법한 범위 안의 행위에 대해서만 인정되는 것이며, 이러한 범위를 정하기 위한 법적 평가의 문제를 노동법에서는 쟁의행위의 정당성이라 부른다.

부당노동행위는 사용자가 노동조합의 정당한 권리를 침해하거나, 이와 반대로 노동조합이 사용자의 정당한 권리를 침해할 때 나타나는 일체의 행위를 말한다. 부당노동행위의 종류는 노동조합 및 노동관계조정법에 의하면 단체교섭의 거부, 불이익 대우, 보복적 불이익 취급 등이 규정되어 있다.

2. 호텔 노사관계의 특성

관광호텔은 제조업은 물론 다른 서비스산업에 비하여 인적 자원의 의존도가 높고 또한 종사원의 고객에 대한 서비스가 호텔상품 구성의 핵심적 요소로서 경영성과에 지대한 영향을 미치는 산업이다. 따라서 노사관계에 따라 서비스질이 차이가 있을 수 있고, 또한 호텔경영의 성패에 영향을 미친다고 볼 수 있다. 관광호텔의 노사관계 특성을 살펴보면 다음과 같다.

첫째, 호텔 종사원들의 높은 이직률은 노조의 단결력 약화와 경영자들과 커뮤니케이션 단절을 가져와 협력적 노사관계를 정착시키지 못하고 있다.

둘째, 관광호텔은 노동생산성이 낮기 때문에 높은 복지후생을 실시하기 어려운 실정이며, 지속적인 관광호텔 시설의 유지관리비용이 발생되어 종사원들의 노력의 대가에 대한 보상이 낮아서 직무만족을 주기 어렵다. 이와 같은 영향으로 대립적인 노사관계가 형성되고 있다.

셋째, 관광호텔의 임금체계는 고정적 임금인 기본급과 변동적 임금인 제수당 및 상여금으로 구성되어 있다. 여기서 일반기업에서는 볼 수 없는 변동적 임금으로 봉사료가 있다. 관광호텔에서는 임금에 봉사료가 포함되어 지급되고 있으며, 기본급이 타 산업에 비해 상대적으로 낮게 책정되어 있다. 따라서 봉사료가 상여금이나 퇴직금에 합산되지 않아 노사분규의 원인이 되고 있다.

넷째, 관광호텔은 노동조합의 역사가 짧고 노동조합 운영경험의 부족에서 오는 현상으로 인해 경영자들 중에는 권위적인 자세에서 종사원들에게 복종을 강요하고 상하 수직적 위계서열에 따라 관광호텔을 경영하기 때문에 노사간의 잠재적 갈등의 원인이 되고 있다.

다섯째, 대규모 관광호텔은 노사관계가 어느 정도 합리적으로 운영되고 있지만 대부분의 관광호텔은 혈연, 지연, 학연 등의 특수한 관계중심으로 종사원을 채용하기 때문에 합리적인 노사관계가 이루어지지 못하고 있다.

이와 같이 우리나라 관광호텔은 노사관계 관리상의 전근대적인 요소들에서 탈피하여 노사는 적이 아니라 동업자라는 인식전환으로 노사공동체를 실현시키는 것이 무엇보다 중요하고, 새로운 노사관계의 정립이 필요하다.

용어해설

Outsourcing: 기업은 중심업무에만 집중하면서 중요도가 떨어지는 업무는 외부에 위탁하는 것을 말한다. 호텔기업에 있어서도 숙련된 종사원의 서비스가 필요한 현관부서, 식음료 부서 등을 제외하고는 외주를 주는 추세에 있다.

Internship: 취직을 하기 전에 업무내용을 파악하고 적성을 알아보기 위하여 학생이 견습생 또는 연수생이 되어 일시적으로 체험 입사하는 것을 말한다.

파견직 종사원: 파견직이란 일반적으로 근로자를 채용한 회사가 자기회사에 근무를 하지 않게 하고, 타회사에 파견 근로를 하게 하는 경우를 말한다. 이런 경우 고용책임은 파견회사에게 있기 때문에 실재 근무하는 회사에는 고용의무가 없다.

참고문헌

신강현, 호텔인적자원관리론, 형설출판사, 2003.
원융희 · 김준원, 호텔인적자원관리, 대왕사, 2003.
이경희, 현대인사관리, 민음사, 2003.
이수관 · 이재섭, 서비스산업의 인적자원관리, 2003.
이순구 · 서원석, 호텔인사관리론, 대왕사, 2004.
차길수, 서비스 인간관계론, 대왕사, 2008.
박성부, 관광호텔의 노사관계에 관한 실증적 연구, 박사학위논문, 1998.
에버랜드 인사채용 홈페이지: http://www.everland.com/recuritinfo/empioy-info
신라호텔 홈페이지; http://www.shilla.net

CHAPTER 07

호텔마케팅

제1절 호텔마케팅의 개요

고도의 대중소비사회로 들어선 현대사회에 있어서 마케팅이란 '고객과 고객의 만족감을 창조하고 고객의 생활의 질을 높이기 위해 건전한 소비문화와 생활문화를 창조·보급하는 대 고객활동으로 이해하는 새로운 정의가 등장하고 있다.

미국의 마케팅협회(AMA)는 마케팅이란 "개인이나 조직의 목표를 만족시킬 수 있는 교환을 창조하기 위하여 아이디어·재품·서비스에 대한 구성, 가격결정, 촉진 및 유통을 계획하고 실행하는 과정"으로 정의하고 있으며, 코틀러와 암스트롱(Kotler & Armstrong)은 마케팅의 개념을 "상품과 가치의 창조 및 교환을 통하여 개인과 조직의 욕구 및 필요를 충족시키는 사회적 관리의 과정"이라고 정의하고 있다. 이와 같이 마케팅이란 "시장내에 존재하는 조직이나 개인 등 상호간에 이익을 증대하기 위한 제반 활동"이라고 할 수 있다. 기업측면에서의 마케팅을 정의하자면 "시장내에 존재하는 소비자들에 대한 욕구충족을 통해서 기업의 경영성과에 기여하기 위해 행하여지는 총체적인 관리활동"이라고 할 수 있다.

호텔마케팅은 호텔기업의 특성으로 볼 때 고객의 편의와 서비스를 위한 호텔경영활동이며, 호텔상품판매기획은 호텔상품과 서비스를 고객이 원하는 것에 일치시키는 기획을 수립하고 그 업무를 집행하는 일이다. 다시 말하면 현대 호텔마케팅은 고객에게 기대치를 넘어서는 가치를 창출하고, 이를 위한 표적시장을 선정하며, 표적시장에 알맞은 서비스상품, 가격, 유통, 촉진활동 등의 마케팅믹스를 개발하여 이행하는 과정이라고 설명할 수 있다.

제2절 호텔마케팅의 전략

소비자 욕구의 급격한 변화와 다양화, 기술의 진보, 기업간의 치열한 경쟁 등과 같은 기업환경의 변화는 기업의 생존과 성장에 심각한 위협요인이 되고 있다. 특히, 소비자의 욕구가 다양하게 변화하는 호텔서비스의 경우 환경변화에 유연하게 대처하면서 호텔의 마케팅활동을 전반적으로 조정·통합할 전략적 지침이야말로 호텔경영에 있어 필수적이다. 최근 들어 호텔산업에서 전략과 전략적 관리에 대한 관심이 높아지는 것도 새로운 환경변화에 대응하기 위한 기업노력의 일환인 것이다.

따라서 마케팅전략이란 마케팅목적의 달성을 위하여 활용되는 기본적인 대응방법을 말하는데, 이는 목표시장, 시장포지셔닝, 마케팅믹스에 관한 광범위한 결정으로 구성된다.

1. 호텔마케팅의 STP 전략

단일 제품으로 수많은 소비자의 욕구를 충족시켰던 매스 마케팅(Mass Marketing)의 방법으로는 소비자들의 다양한 욕구를 충족시키는데 한계가 있다. 즉 소비자들의 욕구를 정확히 파악하고 그 유형들을 분류하여 그들의 욕구에 따라 적절한 제품을 제공하는 기업만이 살아남는 마케팅시대에 들어선 것이다. 이러한 시장 여건의 변화에 따라 도입된 마케팅전략이 STP(segmenting-targetingpositioning)전략이다. STP는 먼저 시장을 몇 개의 기준을 이용하여 가치가 있는 다수의 시장으로 분류하고, 세분화된 여러 시장 중에서 자사의 능력과 경쟁 등을 고려하여 표적시장을 선택한 다음, 그 시장에서 자사의 상품이나 서비스를 소비자 마음속에 심어주는 포지셔닝 과정을 말한다.

시장세분화 (segmentation)

- 정확한 소비자욕구 및 구매동기를 파악할 수 있다.
- 소비자욕구를 충족시킬 수 있는 효율적인 마케팅믹스를 개발할 수 있다.
- 경쟁시장에서 자사의 강·약점을 정확히 파악할 수 있다.

↓

시장표적화 (target market)

- 자사의 마케팅목표와 일치하는가
- 목표시장에 동원할 수 있는 기술과 자원은 적합한가
- 적절한 시장의 규모와 성장성은 가지고 있는가

↓

시장위치화 (positioning)

- 경쟁시장에서 차별적 우위를 점할 수 있도록 자사제품이나 브랜드를 어떻게 소비자에게 알리고 그 마음속에 각인시킬 것인가

[그림 7-1] STP 전략추진단계

1) 세분화 전략

시장세분화의 단계에서 중요한 것은 시장세분화의 기준으로 사용되는 변수가 마케팅목표를 달성하는데 관련되는 변수여야 한다. 시장세분화는 비슷한 성향을 가

진 사람들을 다른 성향을 가진 사람들의 집단과 분리하여 하나의 집단으로 묶는 과정으로, 시장을 세분화하는 가장 좋은 기준은 소비자 구매행동의 의사결정과정을 이해하고 그에 따라 세분화하는 것이다.

시장을 세분화할 때에는 변수 하나만을 사용하여 세분화하는 것보다 세분시장의 특성을 정확히 설명할 수 있도록 여러 변수들을 조합하여 사용하는 것이 효율적이다. 시장세분화의 결과는 세분시장 상호간에 이질성이 극대화되어야 하고, 세분시장 내에서는 연관성과 동질성이 있어야 한다.

〈표 7-1〉 **호텔세분시장의 유형**

구 분	유 형
개별고객시장	정규요금고객, 계약회사, 개별단골고객, 레저여행객, 패키지, 인센티브 여행, 신혼여행객, 장기투숙객, 인터넷 예약, 기타
단체고객시장	여행사 관광객, 컨벤션 단체, 회의 주최자, 기타

2) 표적화 전략

시장세분화를 실시한 다음 세분시장별로 기회요인과 위협요인을 파악하여 구체적으로 어떤 세분시장이 기업이 충족시키고자 하는 표적 내지 목표시장으로 적합할 것인지를 결정하는 것이다. 따라서 표적화 전략이란 '시장세분화를 통해 확인된 여러 세분시장들을 평가하여 어떤 세분시장을 목표로 할 것인가를 결정하는 과정'이라고 할 수 있다.

마케팅관리자가 세분시장을 평가하기 위해서는 세분시장의 규모가 개척하기 적당한 규모인지를 파악해야 하고, 적정규모와 성장성이 있는 시장 중에서 구조적 매력성이 있어야 하며, 특정세분시장이 기업의 장기적 목표와 부합되는지를 검토해야 한다. 또한 호텔이 세분시장을 표적화하는 것은 특정세분시장이 경쟁시장 내에서 차별성을 가지고, 경쟁에서 이길 수 있다는 판단을 전제로 선정하게 된다.

3) 위치화 전략

관광시장을 세분화하고 표적시장의 선정을 마친 후 마케팅전략을 구사하고자 할 때 이미 목표시장에는 대부분 경쟁상품이 존재한다. 이때 어떻게 하면 경쟁시장에서 자사제품 및 브랜드를 소비자에게 알리고 그 마음속에서 각인시킬 것인가 하는 것이 마케팅관리자의 가장 중요한 역할 중의 하나이다.

일반적으로 마케팅관리자가 시장세분화전략을 구사하게 될 때, 먼저 전체시장에서 자사에 적합한 표적시장을 선정하여 그 표적시장 내에서 다른 경쟁사들과 차별적인 우위를 접할 수 있도록 자사제품이나 브랜드를 포지셔닝시키게 된다. 포지셔닝(positioning)이란 용어는 '시장내 고객들의 마음에 위치잡기'란 의미를 가진다. 시장에서 기업의 포지셔닝전략은 시장세분화를 기초로 정해진 표적시장내 고객들의 마음에 시장분석 · 고객분석 · 경쟁분석 등을 기초로 하여 얻은 전략적 위치를 계획한다는 의미를 가진다. 즉 시장에서의 차별적 위치를 차지하여 고객욕구를 충족시키는 서비스를 표적시장에 제공하는 것이다.

따라서 호텔은 그 호텔의 서비스상품이 고객에게 어떻게 인식되고 평가되고 있는가, 고객은 어떻게 인식하고 있는가를 파악하는데 주력하지 않으면 안된다. 즉 경쟁 호텔과 비교해서 고객에게 어떻게 인식되고 있는가 하는 객관적이고, 상대적인 시장위치가 포지셔닝(positioning)이라고 할 수 있다. 또한 호텔은 고객중심 · 서비스중심 · 이미지중심 · 경쟁기업중심 등이 포지셔닝 기준이 될 수 있으며, 이를 이해하기 쉬운 수단으로 포지셔닝 맵(positioning map)으로 나타낼 수 있다. 호텔이 시장에서 바람직한 위치화를 하지 못하면 언제든지 다른 경쟁호텔들로부터 공격을 받을 수 있고, 궁극적으로 고객으로부터 외면을 당하게 된다. 호텔이 경쟁시장에서 확실하게 위치를 굳히고 있다면 다른 호텔의 모방이나 진입으로부터 자신을 보호할 수 있고, 확보한 서열이나 위치를 유지 또는 발전시켜 나갈 수 있다.

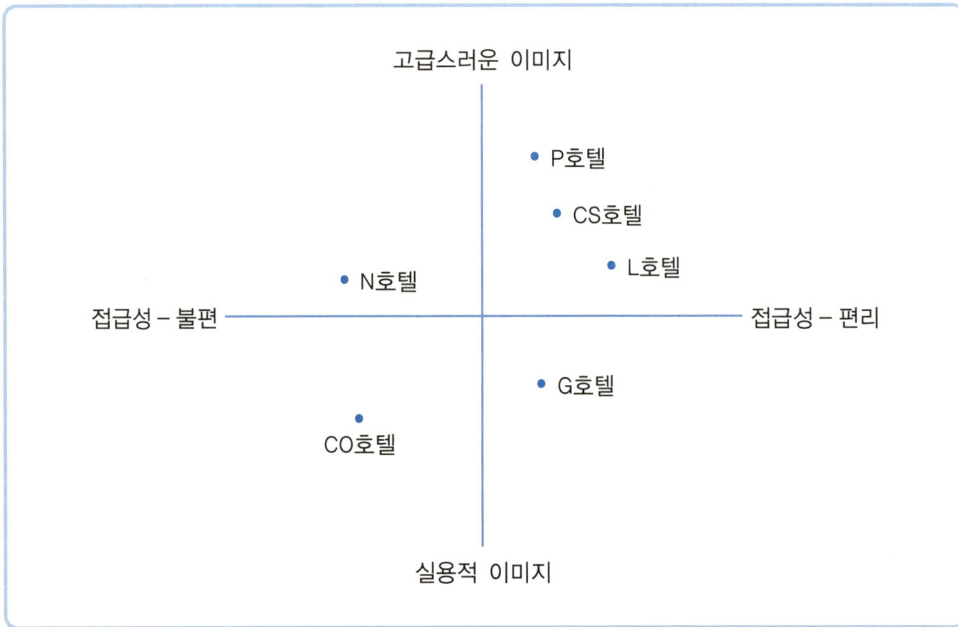

[그림 7-2] P지역 특급호텔들에 대한 지각도

2. 호텔마케팅의 믹스전략

시장포지셔닝이 결정되면 표적고객의 욕구충족과 기업의 마케팅목표를 달성하기 위해 마케팅믹스를 개발해야 한다. 이는 기업을 둘러싸고 있는 환경적 영향력의 제약하에서 기업이 통제 가능한 전략적 요소들을 최적으로 배합하여 기업의 목표달성이 가능하도록 마케팅활동을 조정하는 수단을 말한다. 그때 표적시장의 소비자를 만족시키기 위하여 서비스 및 상품, 가격, 유통경로, 또한 매출증진을 위한 촉진수단 등을 정하게 된다. 이러한 전략적 계획을 수립하게 되는 단계를 마케팅믹스 전략이라고 한다.

1) 상품

호텔서비스는 고객의 다양한 필요와 욕구를 충족시켜 주고, 그들에게 효용과 가치를 제공하기 위해서 만들어진 여러 가지 요소들의 집합이다.

호텔서비스는 유형적 상품과 무형적 상품으로 구성된다고 할 수 있다. 유형적 상품이란 객실, 식음료, 부대시설의 구조, 인테리어, 집기 등을 말하는 것이고, 무형적 상품이란 서비스, 분위기, 아늑함, 즐거움, 친절함 등을 말하는 것이다. 그러므로 유형적 상품은 실질적이고 객관적이며 비교측정이 기능하고, 가격과 상품의 관계가 아주 명백하면서 단기적으로 실현가능한 특성을 갖는다. 이와는 대조적으로 무형적 상품은 추상적이며 주관적으로 가치를 평가하게 되고, 소극적으로 받아들여지기 쉬우며, 고객이 구매 전에 확인해 볼 가능성이 어렵고, 차별화된 이미지를 만들기까지는 오랜 시간과 노력이 소요된다는 특성을 가지고 있다. 따라서 고객은 이와 같은 두 가지 구성요소로 된 호텔서비스를 구매하게 되는데, 호텔서비스를 구매한다는 것은 그 호텔이 고객에게 제공해 줄 것을 바라고, 그것이 고객의 욕구와 필요를 충족시켜 줄 것을 바라는 기대라고 말할 수 있을 것이다. 여기서 종사원들은 고객의 만족과 불만을 결정짓는 중요한 역할을 수행하는 호텔서비스의 중추가 된다고 말할 수 있다.

2) 가격

가격은 고객이 구매의사결정시 가장 현실적으로 느끼고 고려하게 되는 요인이며, 한 호텔의 가격전략은 시장에서의 경쟁우위의 원천을 마련하기도 하며, 호텔의 이미지를 결정하는 중요한 역할을 한다. 이러한 가격은 호텔기업의 이윤추구와 소비자의 지급능력이나 구매의욕을 만족시켜야 하는 이중적 성격을 띠고 있다. 이런 관점에서 가격결정 내지 가격정책은 언제나 전체 마케팅전략의 범위 내에서 다루어져야 하며, 제품계획과 더불어 고려해야 할 사항인 것이다. 이러한 호텔서비스의 가격은 다음과 같은 특성을 갖는다.

첫째, 호텔서비스는 소멸성을 갖고 있기 때문에 가격을 적절히 조절함으로써 수요와 공급의 조화를 이루도록 하는 것이 매우 중요하다. 이는 수요량이 많은 주말 저녁시간대의 레스토랑이나 성수기의 관광기업에서는 높은 요금을 적용함으로써 수요를 분산시키는 역할을 한다. 수요량이 적은 점심시간대의 레스토랑이나 비수기의 항공사나 관광기업에서는 할인요금을 적용함으로써 고객을 유인하기도 한다.

둘째, 호텔서비스는 무형성을 갖고 있기 때문에 호텔서비스의 품질을 평가하는 데 있어 가격에 대한 의존도가 높다. 즉 고객이 호텔서비스를 구매할 때 경험하기 전에는 그 상품이 어떠한지 알 수 있는 근거가 없다. 따라서 호텔서비스의 가격은 유형상품의 가격보다 고객의 품질연상에 더욱 큰 영향을 미친다.

셋째, 호텔서비스에 대해 고객들이 갖고 있는 준거가격은 개인별로 큰 폭의 차이를 보인다. 호텔서비스는 그 가치를 형성하는 요소가 시간, 상징성, 편리성 등 주관성이 높으며, 고객이 제한적인 정보만을 갖고 있기 때문에 준거가격을 정확하게 알기 어렵고, 개인에 따라 가치평가기준이 다르게 나타난다.

3) 유통

호텔서비스는 일반 제조상품과는 달리 생산과 소비가 동시에 일어나는 서비스의 성격 때문에 서비스의 유통경로는 서비스제공자와 소비자로 구성되며, 서비스제공자가 직접 소비자에게 서비스를 전달함으로써 중간상이 존재하지 않는 경우가 많다. 제조업의 경우에는 공장이 어디에 위치하건 소비자에게 큰 의미를 갖지 않지만, 서비스의 생산지인 호텔은 건립하는 단계에 있어 표적시장이 쉽게 호텔을 이용할 수 있는지에 대한 접근성과 입지성이 충분히 고려되어야 한다. 호텔서비스를 홍보하고 고객들이 방문할 수 있는 경로로는 여행사와 인터넷을 통한 예약 사이트, 여행 브로커, 카드사 제휴 등을 들 수 있다.

4) 촉진

호텔서비스는 무형적 요소가 강하기 때문에, 이 무형서비스의 질과 가치를 경쟁 호텔과 차별화시켜 잠재고객의 마음에 선명하게 부각시키고, 구매욕구를 자극하는데 어려움이 크다. 따라서 호텔의 촉진전략이 설득력이 있기 위해서는 호텔에서 제공하는 서비스에 대하여 고객에게 줄 수 있는 효익과 가치를 바로 이해하고, 이를 구체화·형상화하여 고객에게 어필될 수 있는 유형이미지로 전환시켜 시장에 전달할 수 있어야 한다. 표적시장에서의 효과적인 커뮤니케이션을 위해서는 일반적으로 광고, 판매촉진, 인적판매, PR의 도구를 사용하는데, 상품의 정보를 고객이나 잠재적인 고객에게 알려서 고객의 구매동기를 자극시켜 구매하도록 유인해야 하는데, 이러한 촉진도구와 매체를 적절히 사용할 때 시장에서 원하는 차별화의 효과를 거둘 수 있다.

5) 물리적 요인

물리적 요인이란 무형적 서비스의 가시적 환경단서와 고객이 서비스를 경험하는 물리적 환경을 의미한다. 호텔기업의 경우 물리적 요인이 어떤 산업분야보다도 더 중요하고 강조되는데, 이러한 물리적 환경을 구성하는 요소는 크게 디자인요인, 분위기요인, 사회적 요인으로 나눌 수 있다.

첫째, 디자인요인은 호텔의 외관과 건축양식, 호텔 내부의 공간배치, 실내장식, 호텔 로고 등 시각적·기능적 측면을 말한다.

둘째, 분위기요인은 음악, 향기, 온도, 조명 등 호텔의 분위기를 자아내는 배경적 요인을 뜻한다. 이러한 요인에 의해서 고객은 정서적 반응을 나타내게 되고, 궁극적으로 호텔에 대한 인상과 태도가 마음속에 자리 잡게 된다.

셋째, 사회적 요인은 호텔종사원이나 고객 등 호텔 서비스환경의 공간을 공유하는 사람들을 의미한다.

6) 생산과정

생산과정(process)은 서비스전달이나 운영시스템, 즉 서비스가 실제로 수행되는 절차나 활동의 메커니즘을 말한다. 고객은 서비스 전달과정에서 그 기업의 서비스를 경험하고 평가하게 된다. 즉 서비스가 전달되는 과정에 있어서 고객과 서비스기업의 상호작용은 소비자의 품질지각을 결정하는 중요한 변수가 되는 것이다. 특히 호텔기업에 있어 고객들은 서비스전달 과정을 통해 서비스품질을 평가하므로 고객과의 접점, 다시 말하면 진실의 순간(MOT: Moment of Truth)에 대한 관리가 무엇보다도 중요하다. 그러므로 고객이 모든 서비스를 접하는 순간순간 그 자체가 상품이고 성패를 좌우한다는 점에서 서비스 전달 프로세스를 관리하고 혁신해야 할 필요가 있다. 실제로 이러한 서비스 전달과정은 고객의 의사결정과 서비스만족, 재방문 및 재구매의사에 결정적 영향을 미친다.

7) 참여자

서비스 기업에서 참여자란 서비스를 생산하고 판매하는 서비스제공자와 서비스를 제공받는 고객을 말한다. 특히 고객과 직접 접촉하여 서비스를 제공하는 현장종사원의 역할은 매우 중요하다. 또한 고객들은 같은 서비스를 이용하는 다른 고객에 의해서도 서비스품질의 인식에 영향을 받으므로 다른 고객의 행동도 무시할 수 없다. 따라서 종사원의 용모 및 복장, 친절성, 교육, 훈련 등뿐만 아니라 다른 고객의 행동도 마케팅믹스요소로서 영향을 가진다.

〈표 7-2〉 마케팅믹스의 사례

제시자	모델	구성항목
리나그한 (L. M. Renaghan)	3Ps	제품-서비스(product-service), 표상(presentation) 커뮤니케이션(communication)
멕카시 (E. McCarthy)	4Ps	제품(product), 유통(place), 가격(price), 촉진(promotion)
붐과 비트너, 코웰 (B. H. Booms & M. J. Bitner / Cowell)	7Ps	제품(product), 가격(price), 촉진(promotion), 유통+참여자(place+participant), 물적단서(physical), 과업과정(process)
모리슨 (A. M. Morrison)	8Ps	제품(product), 가격(price), 촉진(promotion), 유통+종사원(place+people), 패키지(packaging), 프로그래밍(programming)

제3절 호텔마케팅의 실제

1. 내부마케팅

내부마케팅(internal marketing)이란 기업이 내부종사원을 최초의 고객으로 보고 그들에게 서비스 마인드나 고객지향적 사고를 심어주어, 더 좋은 성과를 낼 수 있도록 동기부여하는 활동이라 볼 수 있다. 기업이 내부고객인 종사원들의 욕구를 만족시키는 것이 곧 외부고객의 욕구를 만족시키는 것이라고 보는 것이다. 외부고객인 소비자의 만족을 위해서는 좋은 제품이나 서비스가 필요하듯이 내부고객인 종사원을 만족시키기 위해서도 좋은 제품과 서비스가 필요하다. 내부고객을 만족시키기 위한 좋은 제품이나 서비스란 종사원들이 직무만족에 따른 사기를 진작시킬 수 있는 작업환경, 감독관계, 인사정책, 후생복지 등을 의미한다.

특히 호텔종사원의 직무만족은 종사원들의 참여와 협력관계를 강화시켜 주는 커뮤니케이션, 노동력의 가치에 상응한 대가, 자기계발욕구를 충족시켜 주는 교육훈련 등과 같은 내부 마케팅활동에 영향을 받고 있다. 호텔은 종사원 개인의 업무수행능력과 자질향상은 물론, 회사와의 일체감 조성 그리고 관련부서간의 협조정신을 고취시킬 수 있는 조직개발에 관한 훈련이 필요하다.

2. 관계마케팅

관계마케팅은 고객지향적 관리개념으로 고객과의 관계가 잘 유지되면 제품 및 서비스는 저절로 판매된다는 것이다. 즉 고객과의 관계를 장기적으로 잘 유지함으로써 고객의 평생가치를 이용할 수 있고, 그 결과 매출과 이익은 저절로 발생한다는 새로운 마케팅개념이다.

이와 같은 관계마케팅의 핵심은 고객과의 관계를 잘 만들어 놓음으로써 계속적으로 고객을 유지·확대할 수 있다. 다시 말하면 한번 고객이면 영원한 고객이 되게끔 고객과의 상호의존 관계를 구축하자는 것이다. 관계마케팅을 통해 호텔기업과 고객은 모두 윈-윈(win-win)할 수 있는 상호의존관계를 형성할 수 있으며, 그 결과 고객을 평생고객으로 관리할 수 있는 것이다. 기존 마케팅의 판매위주의 거래지향적 개념에서 탈피하여 장기적으로 고객과의 유대관계를 강화함으로써 호텔기업에 대한 고객의 의존도를 제고시키는 것이다. 개별적 거래의 이익극대화보다는 고객과의 호혜관계를 극대화하여 고객과의 우호관계를 구축하면 이익은 저절로 수반된다는 것이 관계마케팅의 핵심이다. 오늘날 호텔기업에서도 한번이라도 투숙한 고객에 대해서는 고객정보 데이터를 구축하여, 생일 같은 기념일에 축하카드를 보내며, 호텔체재 중 서비스에 문제점은 없었는지 살피는 등 고객을 꾸준히 관리하여 고객과의 신뢰를 구축하는 호텔들이 늘어나고 있다.

3. 인터넷 마케팅

인터넷 마케팅이란 인터넷을 이용하여 고객의 요구(need)와 욕구(wants)를 발견하고, 고객의 만족을 충족시키기 위하여 인터넷을 통한 제품이나 서비스를 제공하는 활동이다. 오늘날 인터넷은 호텔 마케팅을 수행하는데 최상의 도구가 되고 있다. 인터넷 마케팅은 호텔이용고객과의 커뮤니케이션을 통한 1대1 마케팅으로 개별고객과의 접근을 통한 마케팅전략을 펼칠 수 있을 뿐만 아니라, 기존의 유통경로의 다양화에 따른 비용상승을 호텔과 고객이 직접 거래할 수 있도록 연결시켜 주기 때문에 비용절감의 효과를 거둘 수 있다.

인터넷을 통한 호텔마케팅은 기존의 시장점유율 지향적인 마케팅에서 벗어나 시간적·공간적 무제한성과 다양성·쌍방향성을 통하여 개별고객에게 접근하여 고객과의 지속적인 관계를 유지할 수 있도록 하는 효과적인 호텔 마케팅수단으로 떠오르고 있다.

4. 텔레마케팅

텔레마케팅이란 컴퓨터로 고객관리를 하고 전기·통신수단을 통해 고객의 의견을 수집하거나 고객에게 필요한 정보를 제공하는 것을 의미한다. 이러한 점에서 텔레마케팅이라는 용어는 전기통신(tele-communication)과 마케팅(marketing)의 합성어라 하겠다. 호텔기업의 마케팅전략으로도 널리 사용되고 있는 텔레마케팅은 보통 판매비용을 줄이고 시간을 절약하기 위하여 비대면적 접촉을 사용하는 인적판매로 특정지어지는, 잘 계획되고 조직화되고 관리된 마케팅 프로그램의 일부로서 텔레커뮤니케이션 기술을 사용하는 마케팅 분야이다. 이러한 텔레마케팅의 기대효과는 판매비용의 절감, 마케팅 믹스의 반응률 증대, 기업 이미지 제고, 쌍방향 커뮤니케이션, 시장조사의 용이, 대 고객 서비스의 향상 등을 들 수 있다.

5. 멤버십마케팅

고객을 단순한 일과성 손님으로 간주하지 않고 회원으로 가입되었음을 고지함으로써 반복구매를 유도하는 것이 멤버십마케팅 전략이다. 이러한 멤버십마케팅을 사용하게 되면 일단 기존 회원에 가입된 경우에는 다른 고객들보다는 덜 까다로운 구매기준을 통하여 제품을 평가하게 된다. 또한 고객들은 기업에서 제공한 정보의 범주내에서 구매를 하기 때문에 고객관리가 한결 쉬워진다. 호텔기업에서는 서비스의 차별화, 다양한 부가가치의 제공을 내세워 고객에게 다가가는 경우로서, 고객과 기업, 나아가 고객과 고객간의 커뮤니티를 형성하게 하여 그 결속력을 다지고 있다. 그리고 멤버십마케팅은 일반적으로 모든 영역에 효과적이라고 할 수 있지만, 특히 제품의 특성상 서비스에 대한 의존도가 높아서 제품의 품질평가가 어려운 호텔기업을 포함하는 서비스산업에 적용이 용이하다고 할 수 있다.

용어해설

Database Marketing: 데이터베이스 마케팅은 기업의 전반적인 경영효과를 높이기 위하여 고객에 대한 여러 가지 정보를 컴퓨터를 이용하여 데이터베이스화하고 고객 개인과의 장기적인 관계구축을 위한 마케팅전략을 수립하고 집행하는 활동이다.

Hotel Representative: 호텔 랩(Hotel Rep.)이라고도 하며, 호텔본부에서 파견되어 여행업자나 광고회사 등의 이용자에 대하여 호텔의 홍보나 예약의 접수 등의 업무을 수행하는 곳이다.

Marketing Mix: 기업은 통제 불가능한 환경변화에 통제 가능한 자원들을 적절히 배합하여 여하이 목표시장을 만족시킬 수 있느냐에 기업의 성패가 달려 있다. 이처럼 기업이 목표시장을 만족시키기 위해 결합되는 통제 가능한 요소들의 집합을 마케팅믹스라 한다.

MIP: Most Important Person 의 약자로 호텔영업상 VIP(Very Important Person) 의미보다 한 단계 더 중요하다고 판단되는 고객을 의미한다.

MOT(Moment of Truth): 고객이 종사원의 서비스를 접촉하는 순간에 느끼는 느낌이나 만족은 매우 중요하다. 종사원과 만나는 한 순간 순간에 고객이 느끼는 기쁨, 만족감, 즐거움, 편안함 등이 서비스 상품에서 가장 중요하다. 만나는 순간을 결정적 순간 또는 진실의 순간이라고 한다.

Synchro Marketing: 관광수요의 계절적인 변동의 폭을 감안하여 관광기업은 성수기에는 할인 없는 가격을 수령하고 비수기에는 탄력적인 가격을 설정, 운영함으로써 관광수요를 환기시키는 차별가격전략을 구사할 수 있다. 이와 같이 계절에 따라 발생하는 불규칙적인 관광서비스상품의 수요를 완화시키는 것을 동시화 마케팅(synchro marketing)이라고 한다.

Positioning Map: 소비자들의 마음속에 있는 자사제품과 경쟁제품의 위치를 작성한 지도로 고객 지각에 의해 도표화된 각 상표의 위치를 알 수 있다. 이 지도를 통해서 자사와 경쟁회사의 시장상황을 쉽게 이해할 수 있고 소비자들이 가장 이상적으로 생각하는 이상점(ideal point)을 파악할 수 있다.

Interal marketing: 내부마케팅은 조직 내의 종사원을 최초의 고객으로 보고 그들을 대상으로 고객지향적 사고나 서비스 마인드를 심어주어 더 좋은 성과를 낼 수 있도록 동기부여하는 마케팅을 말한다.

Internet Marketing: 인터넷마케팅은 개인이나 조직이 인터넷을 이용하여 쌍방향 커뮤니케이션을 바탕으로 마케팅활동을 하는 것이다. 인터넷 마케팅은 인터넷 사용인구 증가와 함께 비즈니스 분야에서도 시간과 공간을 초월한 거래가 가능하여 관광기업에게는 유용한 마케팅 수단이 되고 있다.

Relationship Marketing: 관계마케팅이란 고객과의 관계를 매우 중요하게 여기고 고객과의 관계를 강화함으로써 일반고객을 충성도가 높은 고객으로 전환시키는 고객과의 관계를 구축해 나가는 것이다.

참고문헌

고석면, 호텔경영론, 기문사, 2005.

김성용, 관광마케팅, 기문사, 2006.

박대환 외 3인, 호텔경영관리론, 도서출판 대명, 2007.

이순구·박미선, 호텔경영의 이해, 대왕사, 2008.

정봉원, 관광과 호텔을 위한 마케팅, 형설출판사, 2004.

하용규 외 2인, 신호텔경영학, 기문사, 2007.

허정봉·송대근, 호텔경영학의 만남, 대왕사, 2007.

한국여행발전연구회, 호텔관광마케팅, 대왕사, 2008.

CHAPTER 08

호텔영업회계

제1절 호텔 영업회계의 개요

1. 영업회계의 의의

호텔기업은 일일 영업회계를 원칙으로 하고 있다. 호텔기업은 1년 365일 연중무휴의 특성으로 인하여 매일 하루의 매출을 확정하는 체계를 유지하고 있다. 또한 호텔의 영업회계는 매출장소가 다르고, 빈번하게 거래가 발생할 뿐만 아니라 짧은 시간에 신속하고 정확하게 계산되어져야 한다.

이러한 호텔의 영업회계는 고객에 의해 여러 곳의 영업장에서 분산적으로 발생되는 계산서를 신속하고 정확하게 집계하여 언제라도 청구서(guest folio)가 발행 가능하도록 준비가 되어 있지 않으면 안된다. 호텔 매출계정은 다양한 수익부문과 업장별 영업시간의 차이 때문에 상당히 번거롭고 복잡하다. 뿐만 아니라 호텔에서의 매출은 단순히 집계만이 아니고 전표의 발행, 제약된 시간 내에 처리해야 하는 점 등 호텔기업 나름대로의 특성을 가지고 있다.

2. 영업회계의 특성

일반적으로 호텔영업회계의 업무는 고객에게 직접 대금을 영수하는 수납기능,

요금계산서를 발행하고 집계·분석하는 회계기능, 업장별 수익금관리에 대한 감사기능을 포함하고 있으며, 다음과 같은 특성을 가지고 있다.

첫째, 고객에 의해 발생되는 모든 거래는 업장별 계산서 또는 고객원장 및 전표의 발행을 통해서 이루어진다.

둘째, 고객에 의해 발생되는 수입 발생은 호텔회계기에 의해 기록되고, 이를 통하여 마감 및 정산된다.

셋째, 고객에 의해 발생되는 수입은 퇴숙(check-out)시에 정산되는 것이 일반적이다.

넷째, 고객에 의해 이루어지는 거래는 대개의 경우 정식적인 계약서를 교환하지 않으므로 고객의 퇴숙후에 발견되는 미수납 금액에 대해서는 회수하기 어렵다.

다섯째, 호텔의 영업회계는 주로 고객에게 제공하는 인적·물적서비스의 대가에 관한 회계이며, 호텔의 영업회계는 당일결산을 원칙으로 하고 있다.

3. 호텔회계의 분류

회계의 분류는 기업회계(영리회계)와 비영리회계로 대별되고, 호텔의 영업회계는 재무회계(세무회계 포함), 원가회계, 관리회계로 분류되는 호텔회계의 한 부분으로 볼 수 있다. 특별히 호텔기업의 경우에는 다양한 영업부문과 매일 매시간 지속적인 서비스 및 상품판매가 이루어지므로, 영업부문별 활동을 매일매일 종합하는 영업회계를 별도의 분야로 구분할 수 있다. 따라서 호텔회계는 호텔의 영업활동을 적용한 전문 분야이며, 특수회계라고 할 수 있다.

다시 말하면 영업회계는 고객의 호텔이용에 대한 제반사항에 대해 수납원이 직접 고객에게 대금을 영수하는 수납기능, 요금계산서를 발행하고 집계·분석하는 기능으로 각 영업장에서의 활동을 영업부문별로 일일 계산체계로 종합하는 매출관리회계라고 하겠다.

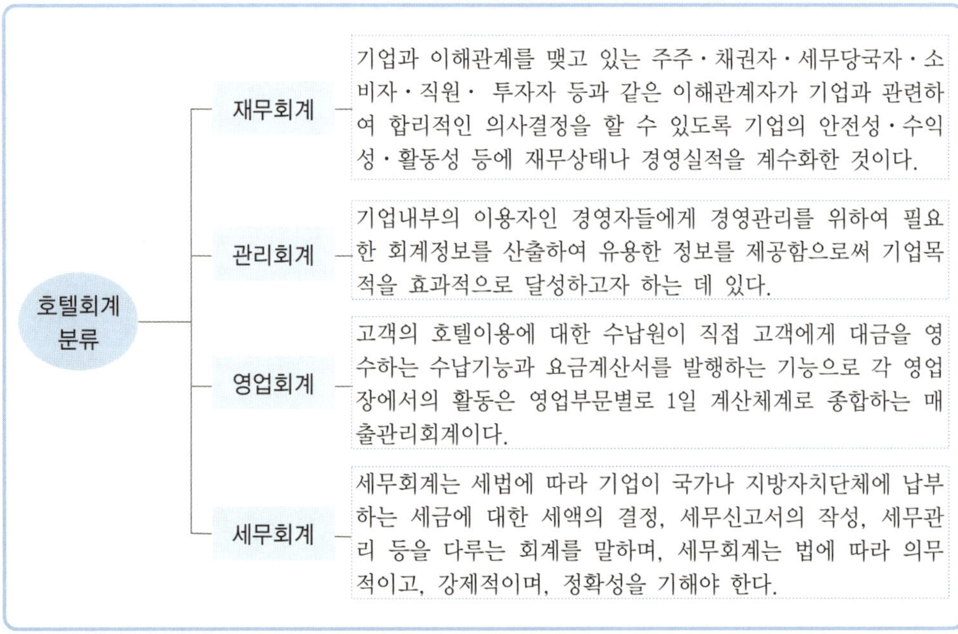

[그림 8-1] 호텔회계의 분류

제2절 호텔 영업회계의 업무

호텔기업은 영업부서별로 다양한 상품들이 판매되어 매출액이 발생하게 되며, 업장별로 판매된 상품의 매출액은 일반적으로 온라인 시스템을 통하여 전송되어 집계되고 있다. 또 하루의 영업결과는 야간회계감사에 의해서 거래내역들을 감사하고 마감하게 된다. 감사 시 오류부문에 대해서는 수정보완하게 되며, 업장의 영업결과에 대한 감사활동이 끝나게 되면 영업보고서를 작성하여 하루의 영업활동에 대해서 마감처리하게 된다.

호텔 영업회계는 일반제조기업과 상이한 성격을 가지고 있으며, 영업회계처리의 순환과정 역시 일반기업과는 다른 시스템을 가지고 있다. 따라서 호텔영업부문에서 이루어지는 수익회계처리 업무에 관한 회계영역을 호텔영업회계라 할 수 있다.

1. 구성원의 직무내용

1) Income Auditor

수납활동 중 일어나는 모든 사항을 지시 감독하며, 호텔영업회계에 대한 내부 관리상 필요한 모든 업무는 물론 대외업무를 총괄한다. 수납책임자의 업무내용은 다음과 같다.

① 일일 영업보고서 작성(Daily Report)
② 예산 및 수납 자금관리
③ 장·단기 여신관리
④ 환전관리
⑤ 기타 수납관련 종합관리

2) Credit Supervisor

신용카드를 포함한 장기성 여신제공에 대한 회수업무를 담당하며, 회수가 불가능한 부분에 대한 처리 및 보고를 한다. 여신관리자(Credit Supervisor)의 업무내용은 다음과 같다.

① 외상매출 금지자 및 외상매출 금지업체 관리
② 불량·악성채권 처리 및 관리
③ 여신제공 여부의 판단 및 계약업무

④ 장기여신 잔고조회 및 보고업무

⑤ 외상에 대한 회수업무

3) General Cashier

1일 영업 중에서 발생하는 현금결제 계정을 통괄·수납하고 그 현금을 은행에 입금하며, 영업장에 필요한 현금의 가지급 및 회수와 관리 등의 일을 처리한다. General Supervisor의 업무내용은 다음과 같다.

① 소액환전 및 금고관리

② 현금 집계 및 은행 입금업무

③ Bill 및 각종 서식관리

④ 업장회계기 소모품관리

4) Night Auditor

당일 매출발생에 대한 모든 영업장의 영업수입에 대해 점검하고 집계하는 회계감사적 기능을 가진다. 야간 감사원(Credit Supervisor)의 업무내용은 다음과 같다.

① 수취계정의 총 잔액과 개별원장 합계액의 비교검증

② 개별원장의 대·차변기록과 청구액의 정확한 검증

③ 당일 수입일람표 작성

5) Front Office Cashier

고객이 프런트에서 등록을 하게 되면 동시에 업무가 발생하게 되는데, 주로 투숙객의 객실료 및 식음료 그리고 기타 시설이용에 따르는 모든 계산을 통합·관리·징수하는 곳이다. 현관수납원의 업무는 다음과 같다.

① 투숙객의 계산서작성관리 및 수납업무

② 환전상 업무 및 환전관련 각종 보고서 작성
③ 투숙객의 귀중품 관리
④ 현관 및 식음료부문 등 관계부문과의 업무협조

6) 영업장 Cashier

각 영업장에서 발생하는 매출에 대하여 직접 회수를 하며, 회수형태별 기초보고서를 작성하고 입금·수납 관련 업무를 처리한다. 각 업장 수납원의 업무는 다음과 같다.

① 수납 및 입금관리
② 수납지역의 유지·관리
③ 회계기의 관리
④ 영업준비금의 유지·관리
⑤ 빌(Bill)관리

2. 객실부서의 영업회계

호텔에 고객이 투숙하면 고객원장과 함께 인쇄된 고객등록카드를 기록하게 한 다음 고객원장은 프런트 캐셔(Front Cashier)에게 보낸다. 프런트 캐셔는 고객원장(Guest Ledger)을 보관하였다가 각 영업장에서 고객에 의해 발행된 계산서를 POS CRT에 전기(Posting)하거나 전산시스템으로 자동으로 전기되게 된다. 고객원장은 고객과 호텔간에 발생하는 모든 거래를 상세히 기록하는 원장이다.

프런트 캐셔는 고객원장에 등록카드의 모든 정보를 기록하여야 하며, 고객의 퇴숙에 대비하여 언제라도 고객의 요구에 의해서 지급을 요청할 수 있도록 정확하게 모든 거래를 전기하고 있어야 한다. 영업상의 모든 거래에 따른 전표 및 고객원장은 일련번호로 관리하고 있으며, 야간회계감사자(Night Auditor)는 Bill의 발생 및

check-out된 모든 거래를 검사하며, 고객원장 · 각종 전표 · 객실판매 현황표 등의 대조를 통하여 일일영업보고서(Daily Report)를 작성하고, 이를 익일 수입심사자(Income Auditor)에게 보내게 된다. 한편 수납된 현금은 안전금고에 입금되어 현금 수납원 영수명세서 및 현금과부족 명세서와 함께 General Cashier에게 보내지고, 외래후불고객원장(City Ledger)은 수입심사자를 거쳐서 외상매출금 관리부문 담당자에게 보내진다. 또한 수입심사자는 야간회계감사자가 작성한 일일영업보고서와 General Cashier's 보고서, 객실상황 점검표(Daily Housekeeper's Report) 등을 대조하여 객실수입보고서를 작성한다. 그리고 수입심사자는 객실수입보고서 · 식음료부문 수입보고서 · 기타영업부문 수입보고서 등을 바탕으로 일일 보고서를 작성하여 회계부문 책임자에게 제출한다.

단계	내용
예약 (reservation)	· 예약취소요금수령(예약사무원 또는 프런트 캐셔) · 예약보증금 및 예약선수금수령(예약사무원 또는 프런트 캐셔)
입숙 (check-in)	· 고객원장작성 및 고객원장관리(프런트 캐셔)
체재 (staying)	· 투숙고객의 룸서비스, 식음료업장 및 기타 부대시설 이용 · 투숙고객의 후불결재사항은 프런트 캐셔에게 송부(각 영업장 캐셔)
퇴숙 (check-out)	· 고객별 매출집계 확인 및 정산(프런트 캐셔)
회계자료 송부	· Night Auditor · Income Auditor · General Cashier

[그림 8-2] 호텔영업회계의 흐름

1) 고객원장의 작성

고객원장(guest ledger)이란 호텔의 투숙객이 호텔에 체재하면서 각 영업장에서 발생시킨 모든 요금을 거래발생순서대로 기록해나가는 것을 고객원장이라 한다. 그리고 식음료영업장, 부대시설영업장 등을 이용하고 난 후 투숙객 계정으로 후불처리한 뒤에 퇴숙 시 일괄적으로 정산하는 것이 일반적이다. 고객원장은 투숙과 동시에 개설되며, 원장개설 이후 호텔 내의 각종 부대시설에서 후불처리가 가능하게 된다.

2) 고객원장의 종류

① 개별고객계정(guest ledger)

개별고객계정은 개인 고객이든 단체고객이든 각 객실마다 개개인의 이름으로 개설된 고객원장을 말하며, 이는 투숙한 고객수대로 고객 이력사항을 컴퓨터에 등록하게 되면 고객원장이 개설된다.

② 단체고객원장(group master ledger)

단체고객원장은 단체투숙객의 요금 지급처가 다를 경우를 위해서 개설한 계정을 말한다. 즉 단체투숙객들의 사용요금에 대해서 여행사, 항공사, 컨벤션기획사 등에 직접적으로 청구하기 위해서 개설된 계정을 말한다.

3) 고객원장의 작성내용

고객원장의 구성 내용은 호텔마다 차이는 있으나, 거의 비슷하다고 할 수 있다. 구성 내용은 상호명, 회사주소, 사업자등록번호, 전화번호, 청구처, 주소, 고객서명 및 승인자의 서명, 도착일, 출발일, 계정번호, 객실번호, 고객수, 객실요금, 일자, 매출발생내역, 금액 등으로 구성되어 있다.

4) 요금수납업무

요금수납업무는 부과한 요금을 결제하는 업무이다. 요금의 수납은 중간 수납과 퇴숙 정산으로 구분할 수 있으며, 지급의 형태에 따라 현금결제와 신용결제로 구분할 수 있다.

① 현금결제

현금결제 형태로는 내국통화, 외국통화, 자기앞수표, 당좌수표, 여행자수표 등을 들 수 있다. 우리나라의 경우에는 외국통화 환전은 외국환매도증서를 발행하여 한화로 교환하며, 자기앞수표와 당좌수표는 지역에 따라 추심료를 받을 수 있다.

② 신용결제

신용결제는 후불조건의 쿠폰, 크레디트 카드, 어음, 외상매출 결제의 경우이다.

③ 선급(advanced payment, deposit)

휴대품이 없거나 예약 없이 투숙하는 고객에 대해서 투숙할 때 미리 일정금액을 청구하여 받는 선납금이나 예약 시에 계약이행을 확실하게 하기 위하여 납입받는 금액이 이에 속한다. 전자는 이용요금을 미리 받는 것으로서 Advanced Pay, Paid in Advance라 하고, 후자의 것은 계약금으로 받는 것으로서 Deposit이라고 한다.

5) 기타 업무

주요 업무 외에도 외환 교환업무, 여행자수표 교환업무, 시재금의 관리, 일일 영업보고서의 작성 등을 행하게 된다.

3. 식음료부서의 영업회계

식음료부문은 각 영업장별로 계산하는 것을 전제로 한다. 각 영업장에서 주문을 받을 경우 주문서(Order Pad)는 캐셔의 계산서 작성용, 주방용, 식음료 영업장 보관용 등 3매 1조를 원칙으로 작성하여, 고객의 주문에 따른 서비스를 제공한다. 고객으로부터의 수납은 현금수납, 투숙객후불(guest ledger)대체, 외래객 후불(city ledger) 등으로 구분한다. 각 영업장 캐셔는 업무 마감 시 업무 중 발생된 계산서에 의해 일일보고서를 작성하게 된다.

야간회계감사자(Night Auditor)는 현금기록 일일명세서를 작성하며, 각종 전표 등을 대조하여 그날의 영업보고서를 작성하고, 이를 수입심사담당(Income Auditor)에게 보낸다. 한편 영업장 캐셔는 업무시간 중 수취된 현금을 확인하고, 수취된 현금 및 통화를 그 명세와 함께 Cashier's Deposit Envelope를 작성하여 책임자의 확인을 받아 안전금고에 보관한다. 그때 현금영수 명세서와 현금과부족 명세서를 작성하여 General Cashier에게 제출하며, General Cashier는 이것을 기준으로 General Cashier's 보고서를 작성하여 수입심사담당에게 제출한다. Income Auditor는 Night Auditor가 작성한 일일영업보고서와 General Cashier's 보고서를 대소하여 식음료부분 수입보고서를 작성하며, 타 영업부문 수입보고서와 함께 일일보고서를 작성하여 회계부문 책임자에게 제출한다

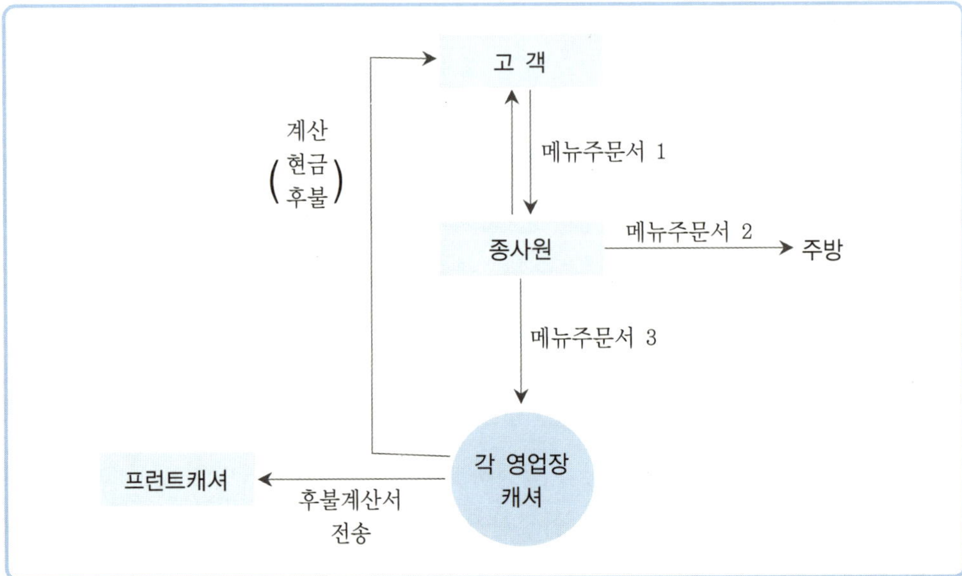

[그림 8-3] 식당영업회계의 흐름

용어해설

After Departure: 고객객이 퇴숙해 버린 후 프런트 회계로 온 전표계정에서 이연계정으로 처리한다는 의미의 용어이며, Late Charge와 같은 의미이다.

Agent Account: 여행사가 지급을 보증하는 외상매출계정을 말한다.

Airline Account: 항공사가 지급을 보증하는 외상매출계정을 말한다.

Audit: 호텔의 하루 동안 운영된 모든 영업현황, 즉 객실, 식음료, 기타 부대시설에 관한 계산서가 정확하게 기재되었는지, 또한 모든 기록이 정확하게 결산되었는지 확인하는 야간회계감사업무를 말한다.

Cash Paid-Out: 고객에게 잠시 입체해 주는 금액으로 대체금이라 부르기도 한다.

City Ledger: 호텔의 외상매출장으로 특히 비 투숙객에 대한 신용판매로부터 발생된 수취원장으로 후불장이라고도 한다.

Deposit Reservation: 호텔객실예약, 기타 부대시설의 예약을 위해 고객이 미리 지급하는 선급금으로 호텔에서는 선수금이 된다. 또는 선수보증금(Advance Deposit)이라고도 한다.

Easy Check: 카드회사와 한국정보통신 그리고 가맹점이 On-Line으로 연결되어 불량카드 여부를 컴퓨터에 의하여 체크하는 시스템이다.

Forecast: 과거의 영업실적을 분석하여 현 시점에서 미래에 대한 수요예측, 호텔상품의 판매 등 영업예측을 말한다.

Guest Check: 레스토랑 및 바의 고객에게 청구하는 전표로서 바우처(Voucher)라고 부르기도 한다.
Guest Folio: 단기 외상매출금의 수입계정을 기록하기 위해 호텔에서 사용하는 투숙객원장으로 특별 인명계정 양식으로 손으로 작성하는 수기원장, 기계로 작성하는 NCR회계기, 컴퓨터용 원장으로 나누어지는데 Guest Ledger 또는 Transient Ledger이라고도 한다.
House Bank: 호텔 프런트에서 외국관광객의 환전업무를 용이하게 하도록 일정금액의 현금을 캐셔에게 전도하여 책임지우고 보관하여 놓은 것을 말한다.
Income Auditor: 호텔의 다양한 수입에 대한 최종적인 감사의 책임을 지는 종사원이다.
Late Bill: 호텔고객이 사용한 계산서 중에서 체크-아웃 이후에 나타난 것을 말한다.
Master Account: 호텔에서 사용하고 있는 그룹 메인원장을 말하며, Master Folio라고도 한다.
Room Charge Bill: 호텔레스토랑 등의 영업장에서 사용한 대금을 투숙중인 고객 계산서에 청구한 계산서를 말한다.
Royalty: 특허권 · 실용신안권 · 상표권 등의 지적재산 사용료를 말한다.
Store Issue Cost: 호텔 물품저장 창고에서 조리부서나 식음료부서에 출고된 재료원가를 말한다.
Void: 호텔영업장에서 고객이 상품을 이용하고 정산시 수량의 착오나 미스포스팅, 혹은 종사원의 오류로 인하여 호텔회계원이 빌상의 계산절차를 취소하는 것을 보이드라 한다.

참고문헌

남택영 · 김상진, 호텔실무 영업회계, 2000.
송성인 · 김영식, 새로운 호텔경영학, 새로미, 2007.
조소윤, 호텔회계학, 학문사, 1999.
최병호 · 유도재, 호텔경영의 이해, 백산출판사, 2007.
최풍운, 호텔경영학원론, 백산출판사, 2003.
하용규, 호텔회계실무, 기문사, 2005.
하용규 외 2인, 호텔경영학, 기문사, 2007.
허향진 · 유희경, 호텔관리회계, 대왕사, 2004.
한국관광협회중앙회, 관광호텔회계매뉴얼, 1989.

CHAPTER 09

호텔정보시스템

제1절 호텔정보시스템의 개요

1. 호텔정보시스템의 의의와 필요성

1) 호텔정보시스템의 의의

정보라는 것은 일반적으로 복잡한 자료를 간단명료하게 처리하기 위하여 사람이 필요한 자료를 분석하고 이를 유용한 형태로 변형하여 직접적으로 활용하기 위한 수단이다. 따라서 필요한 정보를 창출하기 위해서는 기본적인 자료(data)가 먼저 수반되어야 하며, 정보가 존재하기 위해서는 실질적인 가치를 가져야 하고, 의사결정에 유용한 가치를 가져다 줄 수 있어야 한다.

호텔정보시스템은 호텔경영과 관련된 일련의 과정을 전산화하여 정보의 흐름을 조정·통제하고 관리의 효율성을 증진시키기 위하여 도입·운영하는 것이다. 즉 호텔정보시스템은 업무를 신속하고 정확하게 처리할 수 있고, 경영의사결정에 필요한 제반 정보 등을 쉽게 활용할 수 있는 장점을 가지고 있다. 이러한 정보처리 및 활용은 현대경영에 있어서 기업의 성패를 좌우할 중요수단으로 인식되고 있으며, 호텔경영에 있어서도 없어서는 안 될 중요한 도구가 된 것이다.

따라서 호텔정보시스템이란 "호텔기업에서 호텔경영과 관련된 의사결정을 하는데 필요한 정보를 수집·처리·분석·보관하였다가 의사결정을 하고자 하는 사용자에게 적재적소에 정보를 제공하는 기능을 수행하는 일련의 절차"라고 할 수 있다. 즉 호텔관계자가 호텔업무를 수행하는데 있어서 효과적인 의사결정에 지원되는 호텔 내의 컴퓨터와 관련이 있는 모든 시스템을 말한다.

2) 호텔정보시스템의 필요성

최근 호텔기업의 경영활동은 전 세계적인 유통시스템, 여행사, 인터넷 등 복잡한 네트워크를 통해 처리되고 있으며, 또한 호텔들은 자체 호텔정보시스템을 운영하고 있다. 고도의 경제성장과 대중소비사회의 도래라는 시대적인 환경의 변화와 고객의 욕구에 맞는 상품의 제공을 위해서는 고객의 욕구파악과 그에 대한 대응전략의 수립이 필요하게 되었다. 따라서 호텔은 고객의 욕구에 일치하는 호텔이 되어야 하고 이를 위해서는 시장정보를 수집하고, 고객의 욕구에 부응하는 시설개선과 경영정책을 채택해야 한다. 이와 같은 호텔환경의 변화에 따른 호텔정보시스템은 비용을 절감하고, 신속하고 정확한 업무처리를 통하여 호텔의 데이트 프로세스를 단순화하기 위한 시도라고 볼 수 있다.

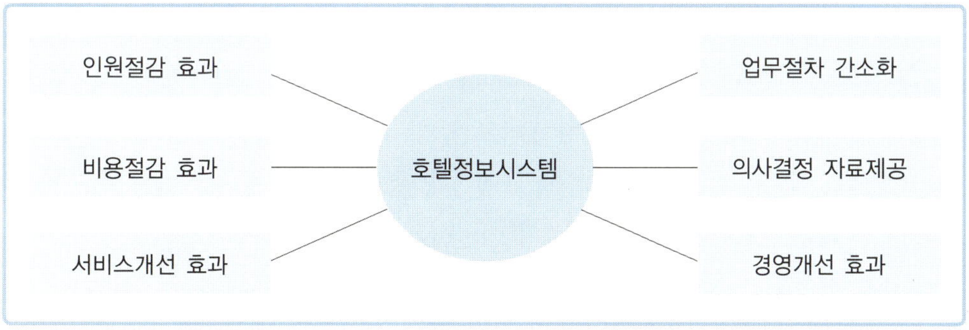

[그림 9-1] 호텔정보시스템의 효과

2. 호텔정보시스템의 도입배경

1) 호텔경영환경의 변화

고임금 시대의 도래와 근로시간 단축, 경쟁업체의 출현으로 인한 가격경쟁력의 심화 등으로 인하여 호텔기업은 업무처리의 신속화와 경영의 효율성을 도모하기 위하여 컴퓨터를 이용하는 경향이 증대하고 있다. 특히 컴퓨터 발달은 파트 타이머(part timer), 미숙련 노동력의 활용이 가능하게 되었다. 그러나 정보처리의 능력이 고객서비스를 위한 질적 향상을 가져오는데 기여도 하였으나, 접객의 제일선에서 고객에 대한 최상의 서비스를 제공하는 숙련된 노동력이 감소되어 서비스의 품질을 감소시킨다는 우려도 제기되고 있다.

2) 정보경쟁력의 새로운 인식

오늘날 관광기업에서 정보의 부족은 경쟁시장에서 실패를 의미하기 때문에 정보의 확보는 중요한 경쟁력이 되고 있다. 인터넷 등 각종 정보통신기기의 발달이 개인의 활동영역을 확장시키면서 국가와 지역, 기업의 장벽을 낮추고 있으며, 인터넷을 통해 상품의 매매가 급속도로 확대되고 있다. 이제 기업은 제품개발의 연구시대에서 원자재 구매, 생산, 판매, 유통, 애프터서비스 등의 전과정에 대한 시간을 단축시킬 수 있는 스피드 경영이 중요해지고 있다. 즉 호텔운영은 급변하는 경영환경과 시장에의 대응능력을 극대화하여 고객이 만족하는 상품의 정보와 서비스를 제공하는 것으로 정보화시대의 경쟁력의 원천이 되고 있다. 호텔기업의 상품은 재고가 불가능하고 상품을 회전시키는 회전속도가 중요한 것과 마찬가지로 자금, 상품, 서비스생산, 인적자원, 정보를 효율적으로 활용하는 것이 생산성을 향상시키는 방법으로 변화되었기 때문이다. 환경적응 경영은 기회선점 경영, 시간단축 경영, 타이밍 경영이라는 조건을 충족해야 한다.

3) 호텔경영의 신사고 도입

관광환경이 복잡해지고 관광욕구가 다양해짐에 따라 관광정보의 기능은 확장되고 있다. 관광정보의 기능은 관광객의 의사결정측면에서 볼 때, 관광지의 선택, 호텔의 결정 등과 같은 다양한 분야에 영향을 미치게 된다. 이러한 기능을 수행할 수 있도록 정보화사회를 가져온 원천은 정보기술의 혁신이다. 과거 정보이용은 서적·사진·팸플릿 등을 이용하여 왔으나, 오늘날 정보화사회에서는 컴퓨터에 의해서 신속하고 정확하게 이를 실행할 수 있다.

호텔기업은 여행자를 위하여 숙박과 식사를 제공하는 대중적인 숙박장소로서의 의미를 갖고 있었으나, 사회환경의 변화 특히 소득의 증대, 여가의 증대, 교통기관의 발달, 정보의 증대, 소비자들의 가치관 변화 등 제반 환경의 변화에 따라 그 기능도 다양해지고 있다. 오늘날 호텔은 대규모의 현대적 시설과 서비스가 상품화되었다는 인식을 하게 되었고 서비스의 기술혁신과 고도로 정보화 기능을 활용하여 그 기능을 수행하게 되었다.

제2절 호텔정보시스템의 구성

호텔정보시스템은 다른 산업과는 달리 다양한 종류의 정보시스템으로 구성되어 있다. 첫째, 객실의 전반적인 업무를 관장하는 Front Office System, 둘째, 일반적인 경영분석업무를 관리하는 Back Office System, 셋째, 영업장 및 부대시설 업무를 처리하는 POS System, 넷째, 모든 시스템을 하나의 시스템으로 통합하는 Interface System으로 구성되어 있다.

Front Office System은 호텔예약, 객실관리, 연회예약 등을 처리하는 시스템을 말하며, Back Office System은 인사, 급여, 구매, 자재관리 등을 처리하는 시스템을 말한다. 특히 Front Office System과 Interface System을 총칭하여 경영관리시스템(PMS: Property Managemant System)이라고 한다. POS System은 식음료 영업장, 조리부서, 부대시설영업 등의 영업회계, 주문, 조리법 등을 관장하는 영업장 관리시스템이며, Interface System은 모든 시스템을 호환시켜 통합하는 기능을 가지고 있는 시스템이다.

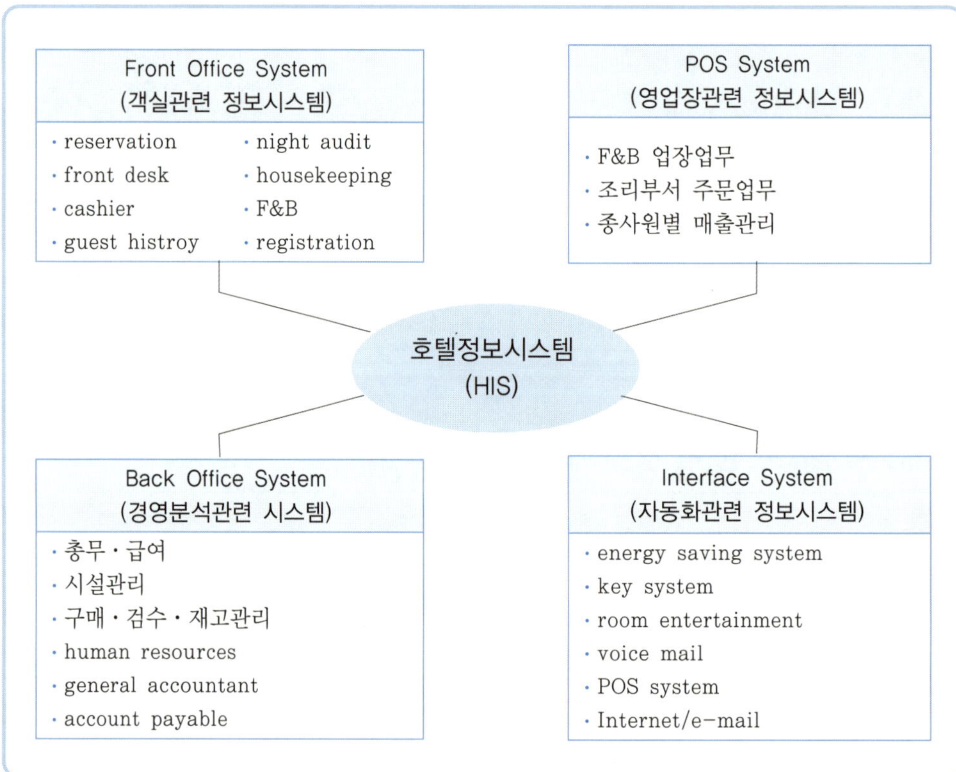

[그림 9-2] **호텔정보시스템의 구성**

1. Front Office System

프런트 오피스의 주된 업무는 고객의 투숙, 체재, 퇴숙 등 호텔 이용객의 처음부터 마지막까지 서비스를 제공하는 호텔 창구의 역할을 하는 것이다. 이러한 모든 업무를 원활하고 신속하게 수행하기 위해서는 호텔정보시스템에서도 기능별로 구분하여 추진하고 있다. 첫째, 객실예약을 담당하는 예약모듈, 둘째, 객실을 배정하는 프런트 데스크모듈, 셋째, 고객의 계산과 환전, 퇴숙을 담당하는 프런트 캐셔모듈, 넷째, 일일영업을 마감하는 야간영업회계(night auditor)모듈, 다섯째, 객실의 정비상태를 관리하는 객실관리모듈, 여섯째, 고객의 전화사용 및 안내를 담당하는 통합안내센터 및 교환(service express & PABX)모듈, 일곱째, 마케팅활동과 고객관리 시스템 등으로 분리되어 구성되어 있다.

2. Back Office System

백 오피스 시스템의 주된 업무는 첫째, 호텔에서 발생하는 매출・매입관계를 관리하는 경리・회계시스템, 둘째, 종사원의 채용 및 교육 그리고 급여를 관리하는 인사・급여・교육의 시스템, 셋째, 호텔영업에 필요한 식음류관리 및 원가를 관리하는 재고관리 시스템과 원가관리 시스템이 있으며, 다섯째, 고객관리 및 판촉을 위한 업무를 집행하는 판촉・연회관리 시스템 등이 있다. 이러한 모든 시스템을 총괄하여 백 오피스 시스템이라고 한다.

3. POS System

포스 시스템 즉 판매시점관리 시스템은 매출관리 시스템이라고도 하며, 중앙컴퓨터와 온라인으로 연결된 단말기(terminal)로 영업장에 발생하는 상품매출・판매정보를 기록・조회할 수 있는 시스템이다. 또한 업장(outlet)관리 시스템이라고도

칭해지며, 약어로 POS로 통칭된다. 포스 시스템은 호텔 내에 설치되어 있는 레스토랑, 바, 헬스클럽 등 각종 부대시설과 같은 영업장의 수납업무 및 판매의 사무처리를 비롯하여 시장조사, 항목별 고객취향분석, 재고파악 등을 종합적으로 관리할 수 있는 컴퓨터 시스템이다. 포스 시스템은 호텔의 식음료부서 및 부대시설뿐만 아니라 외식업체·유통업체·할인매장 등 폭넓은 분야에서 사용되고 있으며, 판매분석, 재고관리, 종사원 인건비계산, 마케팅자료관리 등으로 활용된다.

일반적으로 호텔에서 객실투숙고객이 호텔의 레스토랑 및 각종 영업장을 이용하고 계산을 할 때 현금을 지급하지 않고 업장 캐셔에게 객실번호만 확인시키고 서명하면 체크아웃시 일괄적으로 고객원장(folio)에 합산되어 지급하게 된다. 포스 시스템의 고객 데이터는 CRM, 원가관리, 재무회계 시스템, 마케팅정보 시스템에 기초적인 데이터베이스가 된다. 그러므로 호텔정보 시스템에서 포스 시스템은 매출거래·판매시점관리뿐만 아니라 고객만족과 비용·효율성을 절감하는 종합적인 호텔정보 시스템으로 볼 수 있다.

4. Interface System

호텔정보시스템에서 인터페이스 시스템이란 각각의 시스템에 수록된 자료를 또 다른 시스템으로 이동하여 활용할 수 있도록 중계기능을 하는 시스템이다. 객실에서 출력되는 객실정보데이터, 영업장에서 제공되는 업장정보데이터 등을 서로 주고받음으로써 고객 및 종사원을 위한 정보자료로 이용될 수 있도록 하는 것이다. 객실부서에서 일일영업이 마감되면 인터페이스를 통해 백오피스 관리회계파트의 외상매출계정에 자동 대체되어 후불업무를 진행하도록 하는 기능이라든지, 프런트데스크의 객실판매와 객실의 자동화시스템이 정보호환을 하는 것은 모두가 인터페이스 시스템에 의한 것이다. 이와 같이 객실에서 출력되는 객실정보와 각 업장에서 제공되는 업장정보 등을 통합하여 고객 및 종사원을 위한 정보자료로써 이용될 수 있도록 도와주는 통합시스템의 역할을 하는 중요한 시스템이다.

용어해설

ABACUS: 아바쿠스는 특히 아시아·태평양지역 여행시장의 요구에 부응하여 설립된 컴퓨터 예약시스템으로서 아시아나 항공을 비롯한 전 세계 500여개 항공사 예약을 할 수 있으며, 200여 주요 항공사의 잔여좌석조회 서비스를 제공하고 있다. 또한 아바쿠스는 대 고객 신뢰성 제고를 위하여 초고속 통신망 체계를 유지하고 있으며 24시간 관리, 통제하고 있다. 그리고 아바쿠스는 전 세계 항공사와 기타 여행업체의 시스템연결은 물론 미국의 SABRE, 유럽의 AMADEUS, 일본의 INFINI와도 제휴하고 있다. 현재 아시아나 항공은 1991년에 동남아시아 9개 항공사의 중립 CRS인 아바쿠스와 제휴하여 공동출자회사인 아시아나 아바쿠스 정보주식회사(AAI, Asiana abacus information)를 설립하여 운영하고 있다. AAI는 대한항공의 독점체제와 같았던 국내 CRS 분야에 선의의 경쟁자로 등장하여 국내 항공운송산업 발전에 커다란 역할을 하고 있다.

CRS: CRS(Computer Reservation System)는 컴퓨터와 통신네트워크를 통한 전산예약시스템으로, 온라인 단말기(CRT: Cathode Ray Tube)를 통해 항공좌석의 예약 및 발권, 항공운임 자동산출, 호텔 및 렌터카의 예약, 여행정보, 항공기 운송정보 등 기타 여행에 관한 종합서비스를 제공하는 통신시스템으로 TOPAS, ABACUS 등이 있다.

HIS: HIS(Hotel Information System)는 고객에게 호텔의 전반적인 정보 즉 객실 및 각종 이벤트, 식음료 정보 등을 제공하며, 그리고 호텔 내부자원의 효율적 이용에 대한 적절한 대응으로 업무추진 및 서비스의 과학적인 경영을 도모할 수 있다. 호텔기업 내 정보시스템의 효율적 운영으로, 예약 시스템, 객실관리 시스템, 고객관리 시스템, 일반관리 시스템 등을 들 수 있다.

TOPAS: 토파스는 1975년 대한항공이 국내 최초로 온라인, 즉시처리 예약시스템인 KALCOS-1(Korean Airline Computer Online System-1)를 개발하고, 1979년에 다시 KALCOS-1에 기능이 보완된 KALCOS-2를 개발하였다. 1983년 다시 KALCOS-2의 문제점과 미비한 부문을 대폭 보강한 시스템을 영국항공으로부터 도입·적용하면서 예약뿐만 아니라 자동운임 조회 및 발권기능까지 갖춘 종합적인 정보시스템의 모습을 갖추게 되었고 이는 Total Passenger Service System의 약자를 따서 TOPAS라고 명명하면서 세계적인 브랜드로 사용하고 있다. 현재는 한진정보통신으로 탈바꿈하면서 TOPAS시스템을 중립적으로 운영하고 있다.

참고문헌

고석면 외 3인, 호텔경영정보론, 2007.

박대환 외 3인, 호텔경영관리론, 도서출판 대명, 2007.

박수형, 호텔정보시스템실무, 대왕사, 2001.

이순구·박미선, 호텔경영의 이해, 대왕사, 2008.

임경환·고호석, 호텔경영론, 기문사, 2004.

정찬종·김정옥, 관고아정보실무, 기문사, 2004.

최기종 외 3인, 관광정보시스템론, 백산출판사, 2002.

최병길, IT혁명과 관광, 백산출판사, 2004.

최복수, 호텔현관과 객실업무, 대왕사, 2006.

한진정보통신, HIS 교육자료.

http://www.hilton.co.kr

http://www.sixcontinentshotels.com

CHAPTER 10

호텔사업계획

제1절 호텔사업을 위한 타당성 조사

사업타당성조사는 사업계획에 따른 투자의사결정에 필요한 기술적·경제적·상업적 그리고 투자환경에 요구되는 기초적 정보를 제공하는 데 있다. 일반적으로 신규사업계획 전에 타당성조사가 행해지는데, 사업타당성 조사시에는 시장성과 개발가능성, 자원의 공급가능성, 인력수급, 여러 필요서비스의 존재 여부 등과 함께 재무분석이 행해져야 한다. 또한 사업타당성조사는 충분한 수요가 있는지, 경쟁상태는 어떤지, 사업준비과정을 거쳐서 완성이 되었을 경우에 여전히 그런 수요가 있을 것이며, 가격경쟁력은 어떠할지 등을 예측하기 위한 것이다. 그 구체적인 내용은 다음과 같다.

1. 타당성 조사내용

1) 지역과 입지분석

사업이 입지할 지역의 인문·사회적 환경, 산업구조 등의 경제적 환경 그리고 관광자원 등을 분석함으로써 유치할 수 있는 고객의 성격을 파악할 수 있다. 또한 입지분석을 실시함으로써 목표시장을 어느 정도 구체화할 수 있고, 시설투자비용의 기초를 마련할 수 있다.

2) 시장조사와 수요예측

수요의 특성과 동향을 파악하고, 지역 및 입지의 특성과 연계시켜 호텔상품의 성격을 구체화한다. 다시 말하면 외래방문객의 수, 여행목적, 출발지, 체재일수, 선호하는 숙박시설, 여행 빈도, 이용시설과 서비스의 종류 등을 파악하고, 입지예정지에 어떤 형태의 고객을 유치할 수 있는가를 결정한 뒤에 그 고객집단의 미래 수요량을 예측한다. 목표시장 파악과 수요예측이 가장 중요한 단계이다.

3) 공급분석

앞의 단계에서 어떤 형태의 상품을 제공할 것인지가 대략 파악된다. 이어서 연구할 것은 목표로 하는 상품과 유사한 상품을 다른 사업체에서 제공하고 있는가와 새로운 사업을 한다고 하더라도 충분한 수요가 있는가를 파악하여야 한다. 공급분석 결과를 감안한 목표시장의 조정과 차별화 및 포지셔닝이 특히 중요한 단계이다.

4) 시설과 서비스

위의 단계를 거치면서 파악된 내용을 기초로 고객의 특성에 맞는 시설을 구체화시키는 단계이다. 시설과 서비스의 질, 종류, 규모, 가격, 인력, 경영능력 등 관련 내용 등을 구체적으로 파악한다.

5) 재무분석

입지분석과 계획하고 있는 공급시설 및 서비스에 필요한 비용과 수익을 비교하여 투자가치가 있는지를 결정하게 된다. 여러 대안들이 있을 경우 대안들을 비교·검토하여야 하며, 필요한 투자자본 조달방법도 강구하여야 할 것이다.

위의 다섯 단계 외에도 마케팅전략과 개발, 개관 그리고 운영계획 및 실행계획을 프로젝트 계획에 포함시키는 경우가 있다.

2. 프로젝트 팀의 구성

호텔건립계획을 수행해 나가는데 있어서 프로젝트팀의 구성은 그 계획의 성패를 결정짓는 중요한 역할을 담당한다. 이는 호텔사업에 대한 투자가 초기에 대규모 자본을 일시에 투자해야 하는 고정비율이 큰 사업이며, 일종의 장치산업인 업종이기 때문이다. 이런 특성상 초기 사업계획의 시행착오는 투자에 치명적인 충격으로 나타날 수 있다. 따라서 불확실한 기업환경에 대처하여 효율적·합리적 수행을 위해 위험을 극소화시키고, 적정한 투자규모를 산출하여 추가적 자본지출을 방지한다는 데 그 목적이 있는 것이다. 이러한 프로젝트 팀의 인적 구성은 호텔경영의사를 가진 자본 또는 토지의 소유자, 호텔경영자, 호텔건축가, 시장·재정분석가 등으로 구성하는 것이 바람직하다.

〈표 10-1〉 **타당성보고서의 일반적 내용**

1) 지역특성분석
   도시/권역 특성분석 - 도시공간구조 특성, 주민 및 거주특성, 지역경제특성
   주변지역 특성분석 - 개발특성, 이용자특성, 개발규제
2) 교통특성분석
   대중교통 및 보행특성분석 - 역세권분석, 보행자여건분석, 기타 대중교통수단분석
   차량교통 접근성분석 - 교통망체계분석, 교통서비스분석
3) 상권분석
   상권범위 - 상권범위설정
   경쟁환경분석 - 경쟁업체, 경쟁조건
   고객특성분석 - 구매/시설 이용분석, 고객분석
4) 부지조건분석
   부지물리적 조건분석 - 대지분석, 도로와의 관계, 인접대지와의 관계
   권리관계분석 - 부지권리특성, 지가분석
   부지규제 사항분석 - 용도규제, 규모/배치규제, 부대시설규제

5) 장래성분석
도시개발정책 - 성장잠재력
주변지역장래성 - 주변지역 개발계획
개발사례분석 - 국내외 개발사례

6) 사업의지분석
사업의 의지분석 - 자금동원능력, 투자회수 기대수준
개발 이미지 - 개발상징성, 건축수준
기존사업과의 연관성 - 기존경영자원/노하우 활용, 신규사업 진출의향

7) 계획지침분석
계획설계지침 - 용도별 배치, 건물형태 및 배치, 건축이미지, 부대시설계획
개발규제지침 - 용도지역지구규제, 도시설계규제, 건축규제, 부대시설규제

8) 사업환경분석
시장수요분석 - 후보사업시장규모, 후보사업성장전망
경영환경분석 - 관련업체분포, 관련업체시설분석, 관련업체경영상태

9) 사업수지분석
투자비 산정 - 부지비, 공사비, 부대비
수입・비용추정 - 수입추정, 비용추정
손익분석 - 손익분기점분석

자료: 개발사업지침서, 서울비즈니스컨설팅, 1993.

제2절 호텔사업의 입지조건

호텔사업에 있어서 적합한 입지의 선정은 사업의 성공 여부를 가늠할 수 있을 정도로 그 중요성이 매우 크다. 호텔입지조사는 폭넓게 실시해야 하며, 또한 입지를 선정할 경우에는 그 입지가 법적으로 호텔건설이 가능한 지역인가 또한 장래 관광호텔운영에 따른 사업성이 충분한가 하는 점 등을 면밀히 검토해야 하는데, 이러한

조건들이 호텔의 입지 및 규모를 결정하게 하는 주된 요인이 된다.

그리고 입지환경에 따라 호텔의 규모나 등급, 음식시설 그리고 각종 부대시설 등의 구성도 크게 좌우되나, 일반적으로 바람직한 호텔사업의 입지조건으로서는 첫째, 관청이나 상업중심지에 가깝고, 둘째, 음식가나 점포가 등의 번화가에 가까우며 셋째, 공항, 철도시설 이용이 편리하고, 넷째, 안정되고 품격 있는 장소 등인데, 위와 같은 장소가 중첩된 입지가 대단히 좋다고 볼 수 있다.

〈표 10-2〉 **관광숙박시설 건설의 입지조건**

<table>
<tr><th>「국토계획법」</th><th>「국토계획법」
시행령</th><th colspan="2">「국토계획법」</th><th>「국토계획법」
시행령</th><th>호텔건설 가능 여부</th></tr>
<tr><td rowspan="4"></td><td rowspan="4"></td><td rowspan="4">지역</td><td>주거지역</td><td>전용주거지역
일반주거지역
준 주거지역</td><td>불가
조건부허용 또는 금지
가능</td></tr>
<tr><td>상업지역</td><td>중심상업지역
일반상업지역
근린상업지역</td><td>가능
가능
가능</td></tr>
<tr><td>공업지역</td><td>전용공업지역
일반공업지역
준공업지역</td><td>불가
불가
조건부허용 또는 금지</td></tr>
<tr><td>녹지지역</td><td>보건녹지지역
생산녹지지역
자연녹지지역</td><td>불가
조건부허용 또는 금지
가능</td></tr>
<tr><td>준도시지역</td><td>취락지구
운동·휴양지구
집단묘지지구
시설용지지구</td><td colspan="4">「국토계획법」 시행령의 규정에 의하여 준농림지역내의 숙박시설은 원칙으로 금지되나 행위제한은 지방자치단체의 조례로 정함(준농림지역내 식품접객업 및 숙박업소 설치제한 관련준칙)</td></tr>
<tr><td>자연환경
보전지역</td><td colspan="4"></td><td>불가</td></tr>
</table>

제3절 호텔사업의 법적 절차

호텔사업의 법적 투자절차는 사업계획서의 작성에서 승인 신청 및 착공, 그리고 영업개시에 이르기까지 많은 기간이 소요되고 있다. 호텔을 건설하는데 걸리는 소요기간은 규모에 따라 다소 차이는 있으나 4~5년 정도의 기간이 걸리는 것이 일반적이다.

호텔의 건설을 위한 행정절차는 대체로 사업계획승인, 건축허가, 준공검사, 관광숙박업등록 및 개관 등의 단계로 크게 구분할 수 있다. 다시 말하면 호텔사업을 하고자 하는 자는 타당성 조사 등 전반적인 사업계획이 수립되면 사업계획서를 작성하여 사업계획승인을 받아야 한다. 사업계획의 승인을 받은 때에는 승인 후 6개월 이내에 건축허가를 받아 건물을 건축하여야 한다. 건물이 완공되면 준공검사를 거친 후 90일 이내에 관광숙박업 등록을 하여 관광호텔사업을 운영할 수 있게 되는 것이다.

1. 사업계획 승인

관광숙박업을 하기 위해서는 매우 복잡한 행정절차를 거치게 되는데, 이를 요약하면 대체로 사업계획 승인, 건축허가, 사용승인 및 관광숙박업 등록의 4단계로 크게 구분된다. 관광호텔업을 하고자 하는 경우에는 먼저 관광진흥법의 규정에 의한 사업계획서를 작성하여 사업계획 승인을 받아야 한다. 그런데 사업계획 승인신청 전에 교통영향평가의 실시 규정에 의하여 교통영향평가를 받고 그 결과에 따른 교통영향평가서 및 심의필증을 사업계획서에 첨부하여야 한다.

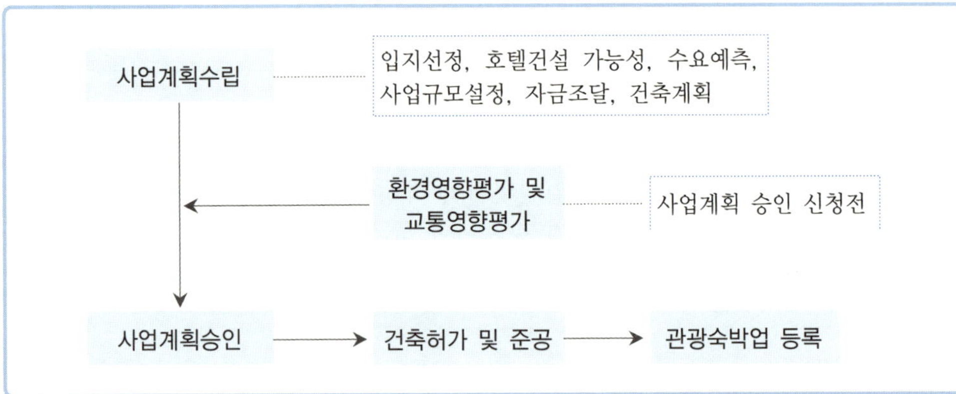

[그림 10-1] **사업계획 승인절차**

2. 건축허가 및 준공

1) 건축허가

관광숙박업을 영위하고자 사업계획 승인을 받아 건물을 건축하는 경우에는 사업계획승인 후 6개월 이내에 시장·군수 또는 구청장의 건축허가를 받아야 한다.

건축허가대상은 도시계획구역, 「국토의 계획 및 이용에 관한 법률」에 의하여 지정된 도시지역 및 준도시지역과 대통령령으로 정하는 구역의 건축물과 기타 구역에 있어서 연면적이 200제곱미터 이상이거나 3층 이상인 건축물을 건축하거나 대수선을 하고자 하는 자는 미리 시장 등의 허가를 받아야 한다.

허가과정은 기타 대통령령으로 정하는 관계법령의 규정에 적합한지 여부를 확인하고, 용도·규모 또는 형태의 건축물이 당해 대지에 건축을 할 경우 도시미관, 주변환경 등에 비추어 불합리하다고 인정되는 경우에는 건축위원회의 심의를 거쳐 건축허가를 하지 아니할 수 있다.

2) 공사착공 신고

건물의 건축공사를 착공한 경우에는 공사 착수 일로부터 7일 이내에 건축허가를 받은 시·구·군에 공사의 착공 신고를 해야 한다.

3) 중간검사

건축법의 중간검사 규정에 의거 3층 이상의 건축물 및 연면적 1,000제곱미터 이상의 건축물은 건축허가를 받은 시·구·군에 중간검사를 받아야 한다. 또한 중간검사를 필 한 후에 당해 공사를 계속할 수가 있다.

4) 건물 가사용 승인

건축주는 건축물의 가사용 승인 규정에 의거하여, 준공검사 이전에 이미 공사가 완료된 부분에 대하여 가사용을 할 수 있는데, 그때에는 건축허가를 받은 관할 시·구·군에 신청서와 건축허가서 사본 등을 첨부하여 건축물 가사용 승인 신청을 하여 승인을 얻어야 한다.

가사용 승인을 신청한 경우 관할 시·구·군의 장은 공사가 완료된 부분에 대한 준공검사를 실시하여 안선, 방화, 위생 및 미관상 지장이 없다고 인정되는 경우에 한하여 사용기간을 정하여 당해 건축물의 가사용을 승인한다.

5) 준공검사

건축공사가 완료되었을 때는 건축법에 의거 건축물에 대한 준공검사를 받아야 한다. 이는 공사완료일로부터 7일 이내에 당해 공사감리자가 서명·날인하여 관할 시·구·군에 신고하면 신고접수일로부터 7일 이내에 준공검사를 실시하게 된다. 준공검사에서는 전기통신 공사업법에 의한 구내 통신선로 설비공사 및 오수정화시설 또는 분뇨정화조의 준공검사도 일괄처리를 한다. 그때 준공검사에 합격한 건축물에 대하여는 준공검사 필증을 교부하게 되는데, 건축물의 소유자 또는 관리자는 교부받은 준공검사 필증을 당해 건축물 내에 항상 비치해야 한다.

3. 관광호텔업의 등록

1) 등록절차

관광숙박업에 대한 사업계획승인을 받은 후 건축허가를 받아 건물을 완공한 경우 건물완공 후 90일 이내에 관할 시장·군수·구청장에게 등록을 신청해야 한다.

한편 관광숙박업을 등록하는 경우에는 관광진흥법(등록요건)의 규정에 따라 등록 전에 그 영업에 관한 업종별 인·허가를 받아야 하나, 관광숙박업의 신규등록 시에는 관광진흥법의 규정에 의한 각 업종에 대하여 등록관청의 관광숙박업등록심의위원회의 심의를 거침으로써 소관관청의 업종별 인·허가 등을 받은 것으로 간주하여 일괄처리하고, 관련기관에 통보하면 당해 기관에서는 각 영업에 대한 영업허가증의 교부 등 제반조치를 취하도록 절차를 간소화하고 있다.

〈표 10-3〉 인·허가 일괄처리 세부내역

소 관	구 분	관계법규	행 위	비고
특별자치도지사·시장·군수·구청장	허가 신고	공중위생관리법	숙박업 목욕탕 수영장 이용, 미용 유기장	
		식품위생법	대중음식점 유흥음식점 다방 다과점 휴게실	

소 관	구 분	관계법규	행 위	비고
지방국세청	면허	주세법	주류판매	
한국은행	인가	외국환관리법	환전상 업무	
전매공사	지정	담배사업법	제조 담배 소매	
전매공사	지정	인삼사업법	홍삼판매	
교육위원회	인정	학교보건법	유흥시설설치	
체신청	승인	우편관계법	사설 우편함 설치	
체신청	승인	우편관계법	우표류 판매	

2) 등급결정

호텔업의 등급결정사유는 호텔로 신규 등록한 경우 또는 등급결정을 받은 날로부터 3년이 경과한 경우, 시설의 증·개축 또는 서비스 및 운영실태 등의 변동에 따른 등급조정사유가 발생한 때이다. 등급결정권자는 문화체육관광부장관에게 등록한 법인이어야 하며, 호텔업의 평가영역은 ①서비스부문, ②건축·설비·주차시설부문, ③전기·통신시설부문, ④소방·안전부문, ⑤소비자 만족도 부문 등 다섯 영역으로 평가되어진다.

용어해설

교통영향평가: 교통영향평가란 대량의 교통수요를 유발할 우려가 있거나 대량의 교통수요를 처리하기 위한 사업을 시행하거나 시설을 설치하는 경우 미리 당해 사업의 시행 또는 시설의 설치로 인하여 발생할 교통장애 등 교통상의 각종 문제점 또는 그 효과를 검토·분석하고 이에 대한 대책을 강구하는 것을 말한다. 이러한 교통영향평가의 목적은 사업이나 시설의 설치로 인하여 예상되는 유발교통량을 예측 분석하고, 교통대책을 강구하여 해당사업지 및 시설물내의 교통흐름은 물론 주변지역의 교통여건을 향상시켜 도시교통의 원활한 소통과 시민의 쾌적한 통행권을 확보하는데 있다.

환경영향평가: 환경영향평가란 환경에 영향을 미치는 사업계획을 수립·시행할 때 미리 당해 사업이 환경에 미칠 영향을 평가·검토하여 환경에 미치는 부정적 영향을 최소화하는 방안을 강구하는 관리기술, 즉 환경사전조사라고도 한다. 환경영향평가 대상 사업에는 도시개발·에너지개발·수자원개발·관광단지개발·공업단지조성, 도로·항만·철도·공항건설, 폐기물 및 오물처리시설 설치 등의 사업이 포함된다. 환경의 오염·파괴는 사후 원상복구가 어려우므로 환경에 부정적 영향을 미칠 수 있는 이들 사업에 대해 사회경제적·생태물리적 영향을 미리 검토·분석하여 그 영향을 극소화하고 쾌적한 환경을 유지·조성하는 건전한 개발이 이루어지도록 하기 위한 것이다.

참고문헌

박성부, 최신호텔경영실무, 백산출판사, 2004.
박호래·이정배, 콘도미니엄 프로젝트, 백산출판사, 2000.
원융희, 호텔·레스토랑 창업프로젝트, 대왕사, 2003.
_____, 호텔 사업타당성조사, 사업계획서 작성, 백산출판사, 2002.
최복수·이석규, 사례로 본 호텔프로젝트, 백산출판사, 2003.
한국생산성본부, 프로젝트관리의 기본, 1997.
김재민, 신규호텔 프로젝트의 타당성 결정과 합리화에 관한 연구, 인하대학교 대학원, 박사학위논문, 1988.
정연홍, 관광호텔건립계획에 관한 연구, 경기대학교 관광대학원 석사학위논문, 1998.
한국관광연구원, 제주도 컨벤션센터 건립타당성 조사, 1996.

PART 2

호텔경영의 실제

CHAPTER 11

호텔 객실서비스 업무

제1절 호텔객실의 일반적 개요

1. 객실상품의 구성요소

1) 시설

고객의 욕구에 부합하는 인테리어를 갖추고 있어야 한다.

2) 서비스

훈련된 호텔종사원의 인적서비스를 확보하고 있어야 한다.

3) 이미지

경쟁업체나 객실상품별로 차별화된 분위기를 가지고 있어야 한다.

4) 편리성

접근성이나 편리한 교통수단을 갖추고 있어야 한다.

5) 안전성

수면공간, 휴식공간, 위생공간, 재산보호 등의 서비스 기능을 가지고 있어야 한다.

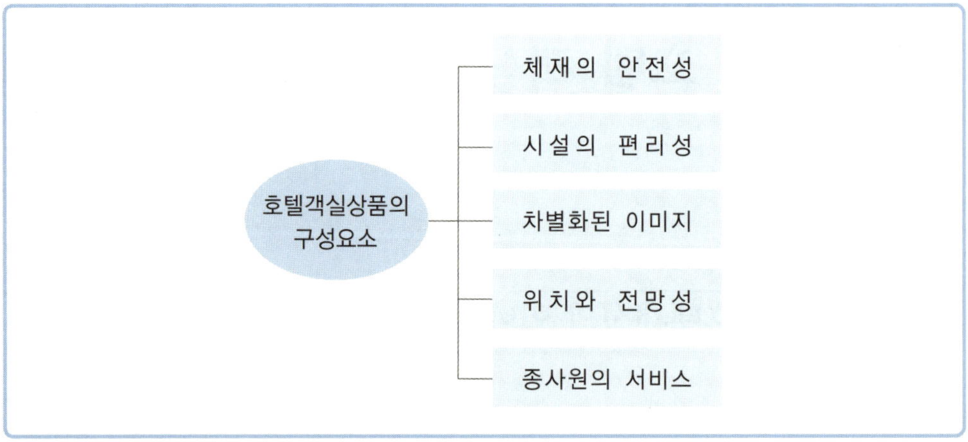

[그림 11-1] 호텔객실상품의 구성요소

2. 객실상품의 특성

1) 재고의 소멸성

객실은 저장할 수도, 이동할 수도 없는 특성으로 당일 판매하지 않으면 가치가 소멸하는 시한성 상품이다.

2) 객실요금체계의 다양성

객실요금은 고객별, 숙박기간, 계약조건, 이용횟수 등 여러 가지 상황에 따라 객실요금은 다양하게 적용된다.

3) 높은 고정비용

호텔의 객실은 일반기업에 비하여 상대적으로 높은 고정비용과 감가상각의 속도가 빠르다.

4) 수요의 큰 변동

호텔객실의 수요는 계절별·월별, 또는 요일·날씨에 따라서도 수요의 변동이 심하다.

5) 객실형태의 표준화

객실관리의 합리성을 제고시킬 목적으로 객실을 표준화하거나 규격화하고 있다.

3. 객실의 종류

1) 침대 수에 의한 분류

① 싱글베드 룸(single bed room): 객실에 1인용 침대가 1개 있는 객실

② 더블베드 룸(double bed room): 객실에 2인용 침대가 1개 있는 객실

③ 트윈베드 룸(twin bed room): 객실에 1인용 침대가 2개 있는 객실

④ 트리플베드 룸(triple bed room): 3인이 사용하기에 편리하도록 객실에 3개의 1인용 침대 또는 2인용 침대와 1인용 침대가 있는 객실

⑤ 스튜디오베드 룸(studio bed room): 주간에는 소파로, 밤에는 침대로 사용할 수 있는 다목적용 침대가 있는 객실

⑥ 싱글-더블베드 룸(single-double bed room): 객실에 싱글베드 1개와 더블베드 1개가 있는 객실

⑦ 더블-더블베드 룸(double-double bed room): 객실에 더블베드가 2개 있는 객실

2) 객실의 위치와 형태에 따른 분류

① 인사이드 룸(inside room): 호텔 건물의 내부 또는 뒤쪽에 위치하는 객실로 호텔 외부의 아름다운 경관을 볼 수 없는 객실

② 아웃사이드 룸(outside room): 외부의 경관을 내다볼 수 있는 전망이 좋은 객실

③ 커넥팅 룸(connecting room): 객실이 나란히 붙어 있는 2개의 객실 사이에 통로문이 있어 복도를 통하지 않고 옆방으로 이동이 가능한 객실

④ 어드조이닝 룸(adjoining room): 객실이 같은 방향으로 복도에 나란히 연결되어 있지만, 객실과 객실 사이에 내부 통용문이 없어 복도를 통해서만 출입이 가능한 객실

3) 객실의 등급에 따른 분류

① 스탠다드 룸(standard room): 보통객실을 말하며, 일반적으로 가격대가 저렴한 객실

② 스위트 룸(suite room): 고급객실을 말하며, 하나의 객실에 침실과 응접실을 별도로 구분한 객실

③ 비즈니스전용층 룸(executive floor room): 각종 편의시설 및 첨단시설을 갖추어 객실에서 업무를 하면서 휴식을 취할 수 있는 비즈니스맨들을 위한 전용객실

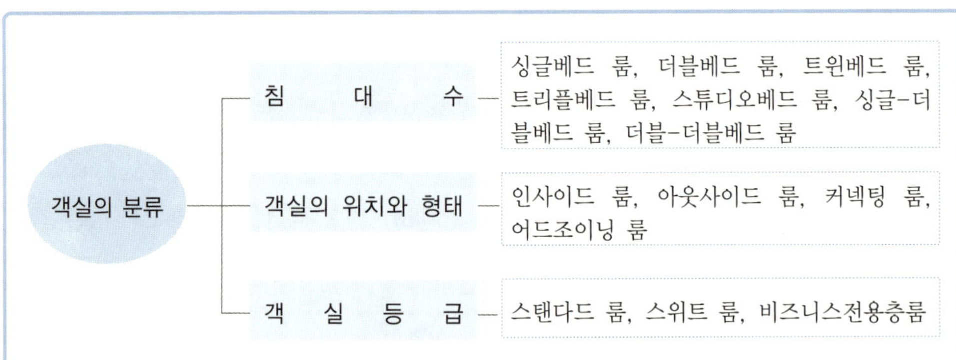

[그림 11-2] 객실의 분류

4. 객실요금의 종류

1) 공표요금(Tariff, Rack Rate)

호텔에서 공표한 정상적인 기본요금이다.

2) 특별요금(Special Rate)

객실요금을 무료로 하거나 또는 공표된 요금에서 할인해 주는 요금제도이다.

(1) 무료요금(Complimentary)

① complimentary on room

② complimentary on food

③ complimentary on room and food

(2) 할인요금(Discount Rate)

① 싱글 할인요금(single discount rate)

② 비수기 요금(off-season rate)

③ 상용요금(commercial rate)

④ 단체할인 요금(group discount rate)

⑤ 가이드 요금(guide rate)

⑥ 주간이용 요금(day use/part day charge)

⑦ 패키지 및 이벤트요금(package & event rate)

3) 추가요금(Additional Charge)

① 미드나이트 요금(midnight charge)

② 홀드 룸 차지(hold room charge)

③ 초과요금(late check-out charge)

④ 취소요금(cancellation charge)

5. 객실 수의 계산방법 및 객실요금 결정방법

1) 객실 수의 계산방법

(1) 유니트 객실수

유니트 객실수(number of room unit)는 호텔의 공식 객실수로서 호텔이 대외적으로 공표한 객실의 수를 말하며, 호텔의 규모를 결정하는 중요한 객실수 산정방법이다. 이것은 호텔의 객실수를 하나의 칸수를 단위로 객실수를 합산하는 것으로서 예를 들어 스위트 룸의 경우 한 개의 객실로 계산하지 않고 2개의 보통 객실로 여기는 것이다. 물론 여기에는 호텔의 종사원들이 사용하는 하우스 유스 룸(house use room)이나 창고 등도 객실수에 포함된다. 이와 같이 객실의 단위를 기준으로 모든 객실 수를 산출하는 방식을 유니트 객실수라고 한다.

(2) 총객실수

총 객실수(number of total rooms)는 스위트 룸(suite room) 등과 같은 객실은 단위객실로 계산하지 않고, 만약 2개의 룸으로 구성된 객실의 경우에도 1개의 객실로 계산하여 총 객실수를 산출한다. 따라서 그 호텔의 객실수 중 싱글 룸, 더블 룸, 트윈 룸, 스위트 룸 등이 각각 몇 개씩인가를 알 수 있는 객실수를 의미한다.

(3) 판매 가능한 객실

판매가능한 객실수(number of available rooms)는 고객에게 판매가능한 객실수를 말한다. 이는 호텔의 사무실과 기타 용도로 사용되는 객실수를 제외한 숫자를 말한다.

2) 객실요금의 결정방법

(1) 직감적 가격결정

직감적 가격결정은 직감적으로 어느 정도 가격이면 적절하다고 생각하여 고객을 확보할 수 있는 근거로 결정되는 방식으로, 그 동안의 노하우를 통해 객실가격을 산출하는 방식이다.

(2) 심리적 가격결정

고객의 입장에서 객실을 이용하고 그 만족도에 대한 고객의 심리를 파악하여 가격을 결정하는 방법이다. 이 방법은 호텔의 실내장식 · 가구 · 입지 · 서비스 · 분위기 · 명성 등 유 · 무형의 상품을 고려하여 가격을 결정하는 것으로서, 같은 특 1등급 호텔의 가격이 다르더라도 소비자가 받아들이는 것과 같이 구매자의 심리적 욕구를 감안하여 결정하는 방식이다.

(3) 경쟁적 가격결정

동일한 등급의 호텔이나 경쟁호텔의 객실요금을 기준으로 하여 객실요금을 결정하는 방식이다.

(4) 시험적 가격결정

일정한 기간을 정하여 시험적으로 객실가격을 산출하여 가격을 조정하는 방식으로 고객들의 반응을 예측한 후 객실가격을 결정한다.

제2절 객실예약 업무

1. 객실예약과정

1) 고객숙박과정

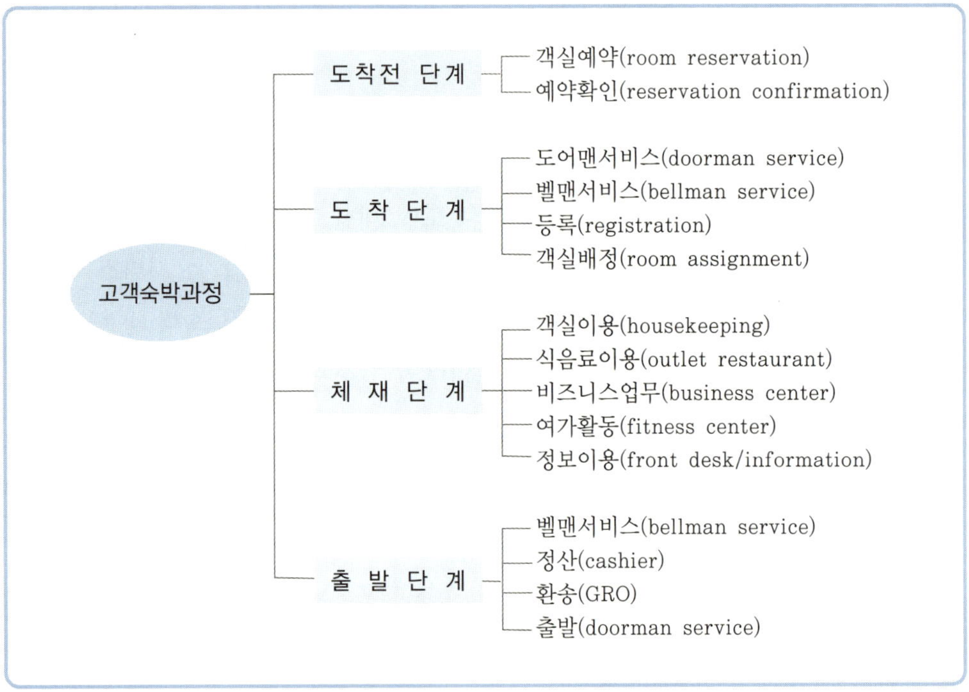

[그림 11-3] 고객숙박과정

2) 객실예약과정

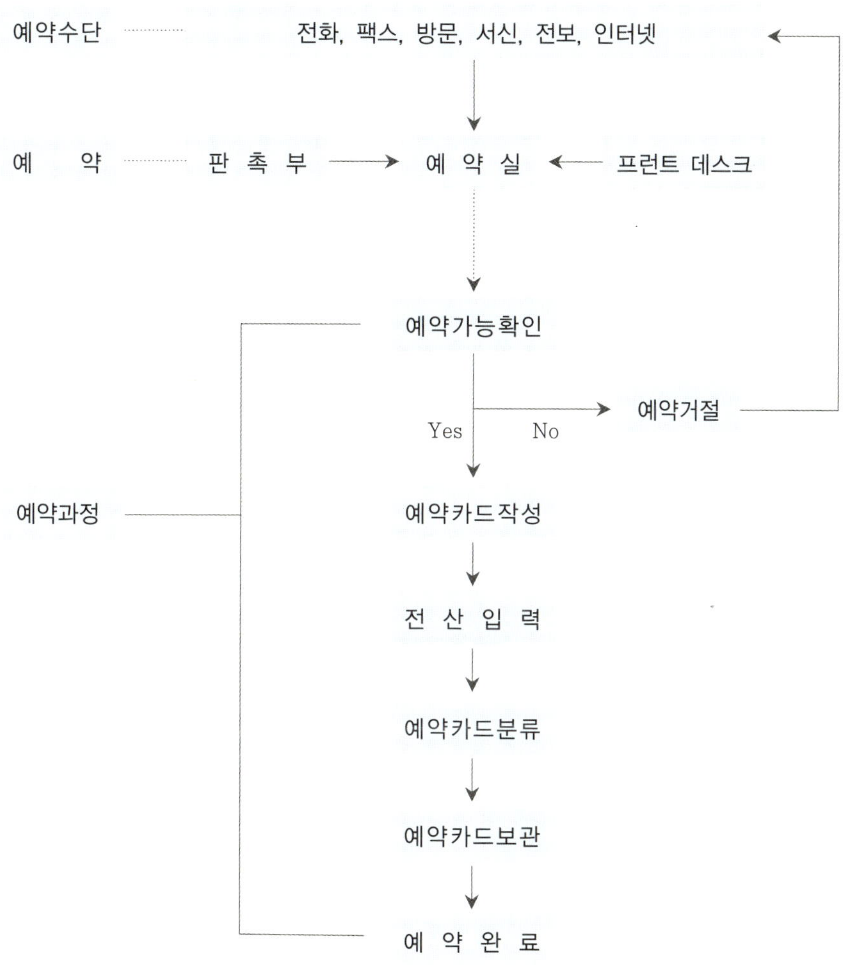

자료: 최수복, 호텔현관과 객실업무, 2006, p.123. 재작성

[그림 11-4] 객실예약과정

2. 객실예약부서의 주요업무

① 예약의 접수 및 예약 슬립 작성
② 예약의 확인 및 변경
③ 예약의 취소
④ 예약금 징수 및 처리
⑤ 객실관련 자료작성
⑥ 예약현황파악 및 초과예약 처리
⑦ 예약 슬립의 프런트 인계
⑧ 귀빈의 예약보고 및 기타 예약의 특이사항
⑨ 예약 슬립의 정리 및 분류

3. 객실예약의 접수경로

① 전화예약
② 팩스예약
③ 우편예약
④ 인터넷예약
⑤ 직접방문
⑥ 여행사 · 항공사를 통한 예약
⑦ 호텔 판촉사무실(Hotel Rep.)을 통한 예약 등

4. 예약카드의 작성내용

① 도착일자(ARR Date) · 출발일자(DEP Date)

② 투숙객명, 인원수(PAX), 국적
③ 투숙객이 이용하는 교통수단과 도착시각
④ 객실형태(TYPE), 객실수(RMS)
⑤ 객실요금(RATE)
⑥ 예약확인(CONFIRMED)
⑦ 예약자명(SOURCE), 회사명, 연락처
⑧ 지급방법(BILLING INFO)
⑨ 고객요구사항(REMARKS)
⑩ 예약번호(RESERVATION No.)와 예약직원의 이름부여

5. 객실예약직원의 능력

① 호텔상품에 대한 정확한 지식
② 경쟁호텔 상품분석
③ 고객요구 파악 및 고객 설득력
④ 호텔서비스의 정보제공

제3절 체크인 서비스 업무

1. 프런트 데스크의 업무

① 객실예약업무
② 객실판매업무

③ 고객의 영접 및 환송업무
④ 객실배정업무
⑤ 호텔시설물 및 주변관광지에 대한 정보제공업무
⑥ 귀중품 보관업무
⑦ 현금의 출납 및 환전, 영수증 발행업무
⑧ 우편물, 메시지 등의 전달업무
⑨ 투숙객의 안전 및 complaint 처리업무
⑩ 객실고객관리업무
⑪ 식음료, 연회, 부대시설 등 관련부서와의 협력체계 유지업무

숙박객도착 → 벨맨의 프런트 안내 → 룸클럭의 예약확인 → 등록카드작성 →
지불관계 확인 → 객실배정 및 key전달 → 객실안내 및 입실

[그림 11-5] **호텔 체크인 과정**

2. 도어맨의 서비스 업무

① 고객의 영접
② 주차질서유지 및 교통정리
③ 호텔 출입문의 개폐관리
④ 안전주차
⑤ 차량호출 및 수배
⑥ 고객의 환송
⑦ 주차대행 서비스(valet parking)

고객의 현관도착 → 고객영접인사 → 하차 및 수하물하역 서비스 → 수하물확인 → 벨맨에 도착연락 → 벨맨에게 하물인계 → 고객의 현관진입

[그림 11-6] 도어맨의 업무수행과정

3. 벨맨의 서비스 업무

① 고객 체크인 및 체크아웃 서비스 지원
② 수하물보관 서비스
③ 객실변경업무
④ 메시지 및 수하물 전달서비스
⑤ Will Call For 서비스
⑥ Paging Service
⑦ 국기게양
⑧ 고객대여물품 관리
⑨ 로비관리
⑩ 차량안내 · 수배 서비스

현관에서 고객영접 → 수화물 운반 및 프런트 안내 → 객실확인 및 key 인수 → 객실안내 → 객실점검 → 벨 데스크로 복귀

[그림 11-7] 벨맨의 업무수행과정

4. 유니폼 서비스 업무

① 로비데스크 관리

· 관광지도, 여행사 브로셔 등 관리
· 영업장 업무시간 및 이용시설 안내
· 로비 환경관리

② 정보제공

· 관공서, 관광지, 교회, 여행관련정보 제공
· 이벤트 및 각종 행사정보 제공
· 쇼핑, 레스토랑, 렌터카 안내

③ VIP 에스코트

· VIP 리스트 관리
· 객실안내

④ 수하물관리

· 고객의 체크인과 체크아웃시 고객의 수하물관리
· 우편물 전달 및 배송
· 분실물 관리

5. 수화물보관 서비스 업무

호텔을 이용하는 고객은 식당이나 연회장, 회의실 등을 들어가기 앞서 모자나 외투 또는 손에 들고 있는 소지품 등을 맡기는데 그때 이용하는 서비스가 체크 룸서비스이다. 체크 룸은 현관 로비나 식당, 회의장 그리고 공공장소 입구 가까이에 위치하고 있으며, 경우에 따라서 장기보관(store room)과 단기보관(check room)으로 분리하여 관리하기도 한다.

Baggage Tag

DATE: ______________

NAME: ______________

RM. NO: ______________

NO. OF ITEM: ______________

SIGNATURE: ______________

DATE: ______________

NAME: ______________

RM. NO: ______________

NO. OF ITEM: ______________

SIGNATURE: ______________

6. 페이징 서비스 업무

호텔의 고객이나 외부 손님의 요청에 의해 필요한 고객을 찾아주고 메시지를 전달하는 등의 심부름을 가리켜 페이징한다고 한다. 이 페이징 서비스의 기본직무는 공공장소, 로비 등에서 고객을 찾는 일과 전화·전보·메시지 등을 고객에게 전달해 주는 일이며, 대부분의 호텔에서는 벨맨이 이 직무를 수행하고 있다.

7. 주차 서비스 업무

호텔을 찾는 고객의 대부분은 승용차를 이용하고 있으며, 이에 따른 주차장 안내, 차량호출, valet service 등의 서비스를 말한다. valet service의 요령은 먼저 고객에게 키를 인도받을 때, 고객이 출발하는 시간과 차량번호, 차종 등을 메모하고, 다음으로 인도받은 키는 순서대로 차량번호, 차종, 고객이름이 적힌 tag을 달아 보관함에 보관한다. 그리고 고객 출발 시 즉시 현관에 대기할 수 있도록 주차위치를 기억해야 한다.

제4절 체크아웃 서비스 업무

1. 체크아웃 과정

룸클럭의 고객 퇴숙확인 및 접수 → 벨맨 및 프런트 캐셔에게 명단 통보 → 벨맨의 baggage down service → 프런트 캐셔의 미니바 체크, 메시지 확인 → 프런트 캐셔의 고객원장, 각종 빌 확인 및 준비 → 프런트 캐셔의 객실키 수령 → 청구서 금액 확인 및 수령 → 환송

[그림 11-8] 체크아웃 과정

2. 벨맨의 체크아웃 서비스

고객의 Baggage Down Service 요청 → Rm NO/짐 확인 → 벨맨에 Slip전달 → 객실확인 및 객실도착 → Check-out 확인 → 짐 확인·운반 및 안내 → 고객정산 중 대기 → 차량에 짐을 싣고 환송

[그림 11-9] 벨맨의 체크아웃 서비스과정

3. 도어맨의 환송서비스

고객의 현관도착 → 고객인사 및 수하물인수 → 대기차량 확인 →
수하물 적재 → 수하물 고객에게 확인 → 안전한 승차 및 환송인사

[그림 11-10] 도어맨의 투숙객 환송서비스과정

제5절 기타 현관서비스 업무

1. 비즈니스센터 서비스

비즈니스센터는 대부분 로비에 위치하고 있으며, 비즈니스 고객의 업무를 효율적으로 수행할 수 있도록 개인비서의 역할을 담당하는 곳으로 각종 정보의 제공, OA기기의 대여, 우편 · 팩스 · 수화물의 전달, 번역 및 통역 등의 업무를 수행한다.

① 개인비서업무
② 회의실 및 각종 장비 대여
③ 팩스의 수신 및 전송
④ 컴퓨터, 복사기, 프로젝트, 팩스 등 이용서비스 제공
⑤ 통역 · 번역 서비스
⑥ 기타 항공권 관련업무, 여행관련정보, 렌터카 예약 등 지원

2. 컨시어지 서비스

대규모 호텔에서는 호텔 내·외부의 안내업무를 호텔현관에 컨시어지 데스크(concierge desk)를 설치하여 운영하고 있다. 컨시어지는 투숙객에 대한 호텔 내부정보뿐만 아니라 지역사회의 문화행사 및 주요 관광지에 대한 정보를 제공하는 등 차별화된 고객서비스를 제공한다. 이와 같이 유능한 컨시어지 역할은 호텔의 명성을 유지하는데 상당한 도움을 줄 수 있기 때문에 고급호텔을 중심으로 이러한 서비스 제도는 확산되어가고 있다.

① 호텔 주변 고객이 원하는 레스토랑 예약
② 극장 및 스포츠 게임표 구매
③ 교통편 예약
④ 고객의 영접 및 환송
⑤ 지역문화행사 및 관광지정보 제공
⑥ 고객불평처리

3. 귀빈층(EFL) 서비스

호텔에서는 비즈니스 고객들을 유치하기 위해서 귀빈층(EFL: Executive Floor Lounge)을 만들어 고객에게 특별한 서비스를 제공하고 있다. 이러한 귀빈층은 호텔마다 이그제큐티브 플로어, 이그제큐티브 게스트 오피스, 비즈니스 플로어, 클럽 라운지 등으로 불리고 있다. 귀빈층의 공통된 특징 중의 하나는 해당층에 전용라운지가 있다는 것이다. 그곳에서는 국내·외의 정기간행물과 신문·TV 등이 비치되어 있어 각종 정보를 접할 수 있을 뿐만 아니라, 귀빈층 고객전용 라운지에는 미팅을 할 수 있는 소회의실도 꾸며져 있다. 더욱이 전용 라운지에서는 간단한 아침식사나 음료, 칵테일 등을 제공받을 수 있다. 최근 호텔업계에서는 호텔 이미지 향상을 위하여 귀빈층을 더욱 개인화·차별화된 서비스를 제공하고 있으며, 보다 나은 서비스를 제공하기 위하여 각종 편의시설을 확보·개발하고 있다.

① 신속한 체크인·체크아웃 서비스
② 안내 및 예약업무
③ 회의실 제공 및 관리
④ 메시지 접수 및 전달
⑤ 피트니스센터 서비스
⑥ 식사 및 음료제공

제6절 하우스키핑 업무

1. 하우스키핑의 개요

하우스키핑(housekeeping)부서는 객실정비부서 또는 객실관리부서라고도 하는데, 이는 호텔의 객실뿐만 아니라 호텔 내·외부시설을 유지·관리하며, 고객에게 편리하고 안락한 객실을 제공하여 고객만족과 호텔 이미지를 향상시키는 부서라고 할 수 있다. 다시 말하면 하우스키핑 부서의 주요 업무는 객실청소와 객실시설이나 비품의 유지관리뿐만 아니라 식당·회의실·복도·화장실·라운지 등의 호텔 전역에 걸친 공공장소는 물론, 각종 리넨(linen)종류와 종업원 유니폼의 보급·수선, 고객의 세탁물 서비스에 이르기까지 업무를 수행해야 하는 부서로서 그 범위가 상당히 넓다고 할 수 있다. 그리고 호텔 전체적으로 볼 때 현관부서가 객실을 판매하는 부서라면, 하우스키핑부서는 객실상품을 생산하고 관리하는 부서라고 할 수 있다. 따라서 질 좋은 상품을 생산해서 효과적으로 판매하려면 이 두 부서 사이에는 긴밀한 협조가 필요하고 하겠다.

1) 하우스키핑의 주요 기능

① 호텔상품의 창조 및 생산적 기능
② 호텔수익의 증대
③ 호텔운영경비의 절감
④ 호텔의 재산 및 시설물 관리

2) 하우스키핑의 주요 업무

① 객실청소와 유지 · 보수업무
② 분실물 · 습득물 관리업무
③ 공공구역의 청소와 유지 · 보수업무
④ 리넨 업무
⑤ 세탁물 관리업무
⑥ 객실내 미니바 업무
⑦ 투숙객 서비스
⑧ 객실비품보급
⑨ 객실현황파악
⑩ 고객불평처리
⑪ 각종 보고서 작성

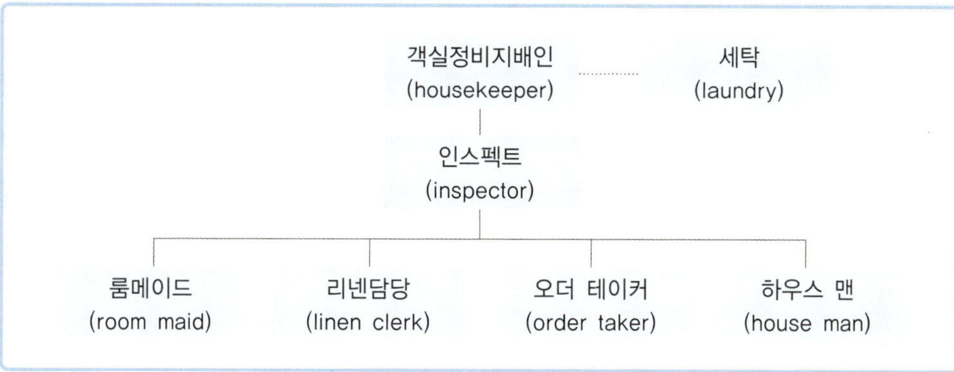

[그림 11-11] 하우스키핑 부서의 조직

2. 하우스키핑 종사원의 업무

1) 오더테이커(Order Taker)

오더 테이커는 보통 코디(codi)라고도 부르는 종사원으로, 주된 업무는 고객이나 종사원 등 객실로부터 각종 전화 주문을 접수받아 주문별 처리가 신속하게 진행될 수 있도록 정리하며, 또한 하우스키핑 부서와 타부서와의 원활한 업무협조가 이루어질 수 있도록 체계적 업무지식을 갖추고 있는 종사원이다.

① 하우스맨과 룸메이드 등 직원의 출근 점검
② 호텔 및 하우스키퍼의 지시사항 전달
③ 고객의뢰사항 파악 및 처리
④ 객실정비에 필요한 비품·소모품 지급
⑤ 객실수리사항 접수
⑥ 야간청소 지시
⑦ 객실키 또는 플로워 마스터 키(Floor Master Key) 반납확인
⑧ 익일 업무수행 준비

2) 룸 인스펙트(Room Inspector)

룸 인스펙트는 하우스키핑부서 책임자의 업무지시에 따라 룸메이드(room maid, room attendant)의 객실청소상태나 소모품 비치상태, 객실기능의 이상 유·무 등을 점검하여, 호텔객실을 고객에게 판매하기 전에 완전하게 객실이 정비되었는지를 점검하는 것을 주업무로 한다.

① 가구·침구류·커튼 등의 이상 유무
② TV와 서랍 속의 청결상태
③ 전기 스위치, 램프 작동상태
④ 냉·온수의 배수상태
⑤ 욕실과 변기의 청소상태
⑥ 비품·소모품의 비치상태
⑦ 공공장소(공공화장실, 복도 등)의 청결상태
⑧ 비상등과 비상계단의 점검

3) 룸메이드(Room Maid)

룸메이드 또는 룸 어텐던트(room attendant)는 객실정비부서에서 핵심역할인 객실청소(make-up)를 담당하는 종사원이다. 룸메이드는 객실정비기준에 의해 객실의 청소와 정리 등 고객의 편의를 최대한 도모하는 역할을 수행한다. 일반적으로 객실정비는 체크아웃이 끝나는 12시에서 오후 3시 사이에 집중적으로 이루어지나 호텔의 사정에 따라 다를 수 있다. 객실정비는 재실 객실정비, 체크아웃 객실정비, VIP고객 객실정비, Early Check-in 객실정비 등으로 나눌 수 있으며, 업무내용은 다음과 같다.

① 담당 객실층 복도 순찰
② 고객세탁물 수거

③ 객실청소
④ 욕실청소
⑤ 침대정돈
⑥ 리넨류관리
⑦ 분실물, 습득물 보고
⑧ 미니바 관리
⑨ 소모품사용 보고서 작성 등

객실정비용 키와 객실정비 레포트 수령 → 룸메이드 웨건 준비 → 객실문 개방 및 입실 →
전구 점등 및 기구점검 → 창문 및 커튼개방 → 소모품과 비품정리 및 보충 → 사용한 리넨수거
→ 바닥 및 가구청소 → 침대정리 → 욕실청소 → 창문 및 커튼처리 → 최종점검 → 완료보고

[그림 11-12] 룸메이드의 객실정비과정

4) 하우스 맨(House Man)

하우스 맨은 룸메이드의 업무를 보조하는 역할과 고객 서비스가 원활하게 수행될 수 있도록 직·간접적으로 지원하는 업무를 담당한다. 또한 객실복도, 계단, 로비 등 호텔의 서비스 구역 등의 청소책임도 갖는다. 업무내용은 다음과 같다.

① 리넨류 및 소모품 체크
② 폐품의 수거 및 간단한 보수작업
③ 룸메이드 보조업무
④ 각종 객실청소의 장비관리
⑤ 건물의 청소 등

5) 리넨 클럭(Linen Clerk)

리넨 클럭은 호텔에서 사용된 면종류 혹은 화학섬유로 만들어진 타월, 냅킨, 시트, 담요, 유니폼, 커튼 등을 관리하는 종사원을 말한다. 한편 리넨은 그 특성상 쉽게 손상되는 특성을 가지고 있기 때문에 세탁 및 수선하는데 세심한 주의를 필요로 한다.

리넨은 보통 네 종류로 구분하여 관리하고 있는데, 그것은 사용 중인 것, 세탁 중인 것, 예비용, 보관용 등으로 분류하여 관리하고 있다. 이것은 원가절감의 노력의 일환일 수 있으며, 또한 사용과정에서 발생될 수 있는 문제를 사전에 예방하려는 점도 있다. 업무내용은 다음과 같다.

① 리넨류 정리 및 청소
② 리넨류 청구 및 수령
③ 패품 반납처리
④ 재고품 정리정돈
⑤ 각종 리넨류 적정수 유지 등

〈표 11-1〉 **객실에 사용되는 리넨의 종류**

침 대	욕 실
· Sheet(Single, Double, King Size) · Pillow Case · Pad(Single, Double, King Size) · Blanket(Single, Double, King Size) · Spread(Single, Double, King Size)	· Bath Towel · Face Towel · Wash Cloth · Foot Towel

〈표 11-2〉 타월규격

타월종류	가로(cm)	세로(cm)	무게(g)
wash cioth	30	30	40
face towel	80	36	120 - 140
bath towel	120	65	350 - 450
foot towel	80	50	140 - 180

〈표 11-3〉 Sheet 규격

Sheet 종류	가로(cm)	세로(cm)
single double king size	180 220 240	229 240 260

용어해설

Amenity: 서비스의 일환으로 추가요금 지급 없이 호텔투숙 고객의 안락함과 편리를 위해 객실에 비치하거나 고객에게 제공되는 품목으로, 부가적인 서비스의 제공을 의미한다.
Available: 판매가능한 호텔객실을 말한다.
Average Room Rate: 객실당 일일평균 객실요금을 말한다.
Baby Crib: 유아를 위한 침대를 말한다.
Baby Sitter: 호텔에서 고객의 어린 아이들을 부모 부재시 전문적으로 돌보아 주는 사람을 말한다.
Baggage Down: 고객이 체크-아웃 할 때에 객실고객의 요청에 따라 벨맨이 고객의 짐을 로비까지 운반해 주는 서비스다.
Baggage Net: 투숙고객의 짐을 일시 보관하기 위하여 로비 등에 모아 놓을 때 짐의 분실을 방지하기 위하여 짐을 씌워 놓는 그물이다.
Baggage Stand: 객실 내에 투숙고객의 짐을 올려놓는 받침대를 말한다.
Bathrove: 호텔 객실에서 샤워 후에 입는 목욕 까운을 말한다.
Bed and Board: 호텔숙박요금에 3식이 포함되어 있는 아메리칸 플랜을 말한다.
Bed Spread: 객실의 침대를 미관상 아름답게 할 뿐 아니라, 위생적으로 관리하기 위하여 침대담요와 베개까지 덮을 수 있는, 천으로 만들진 것이다.

Blackout Curtain: 호텔 객실에 투숙하는 고객의 프라이버시와 수면을 위하여 창문에 치는 두꺼운 암막 커튼을 말한다.

Blocking Room: 투숙할 고객을 위하여 특별히 예약시 객실을 지정해 두는 것을 말한다.

Chamber Maid: 객실청소를 담당하는 여종업원을 말하며, Room Maid라고도 부른다.

Claim Tag: 고객이 호텔에 수화물을 맡겼을 때의 보증 짐표를 말한다.

Closet: 호텔 객실내의 붙박이 옷장을 말한다.

Collect Call: 상대방이 요금지급을 허락하는 수신자 부담 통화를 말한다.

Commission: 호텔과 관광업체 혹은 여행업체와 사전 거래관계에 의한 계약된 수수료를 말한다.

Concierge: 호텔 로비에 상주하면서 고객들이 필요로 하는 호텔 내·외부에 관한 각종 정보나 서비스를 제공하는 전문 서비스 책임자를 말한다.

Daily Room Report: 하우스키핑에서 사용하는 일일 객실정비현황보고서를 말한다.

Day Use: 낮 시간대에 객실을 이용하는 것으로 정상요금의 50% 범위 내에서 적용한다.

Deposit: 예약보증금이라는 뜻으로 성수기 또는 대형단체로부터 받는 선수금을 의미한다.

Door-Knob Menu: 객실에서 룸서비스로부터 조식을 제공받기 위하여 객실문 밖 손잡이에 거는 예약 룸 서비스 메뉴를 말한다.

Do Not Disturb: 고객이 사정상 방해 받거나 잠자는 것을 깨우지 못하도록 객실 문고리 밖에 표시사인을 걸어 놓는 것이다.

Dressing Table: 객실내의 비치되어 있는 화장대를 말한다.

Drug Store: 호텔내에서 약과 화장품과 같은 일용잡화를 파는 상점을 말한다.

Executive Room: 차별화 된 고급 비즈니스 객실상품을 말한다.

ETA: 도착예정시간을 뜻하는 Estimated Time to Arrival의 약자다.

Floor Supervisor Inspector: 호텔 객실층 정비 감독자를 말한다.

Folio: 호텔투숙개 원장을 의미하며, 고객이 호텔에 머물면서 사용한 개인별 객실 사용료, 식음료 대금, 기타 부대시설 이용대금 등이 일목요연하게 일자별로 기록된 명세서의 원장이다.

Forwarding Address: 투숙한 고객이 체크-아웃 한 후 고객 앞으로 발송 우편물이 있을 경우 전송할 수 있는 주소를 말한다.

Full House: 판매가능한 모든 객실이 판매되어 고객에게 판매할 객실이 없는 상태를 나타내는 것이다.

Go Show: 예약을 하지 않고 호텔이나 공항 등에 도착해서 객실이나 공석을 기다리는 고객을 말하며, Stand-By Passenger이라고도 한다.

Hospitality Room: 단체관광객의 수화물을 잠시 보관한다든지 의상을 잠시 갈아입는 등의 목적으로 제공되는 객실이며, 객실요금은 징수하지 않는다.

House Doctor: 호텔 내외고객을 위한 서비스 차원으로 상주하여 근무하고 있는 담당의사로 급한 환자가 있을 때 진료를 할 수 있다.

Indefinite Departure Date: 고객의 체크-아웃 날짜를 정확히 알 수 없을 때에 통용하는 말로 약어로 Ind. 라고 표기한다.

Invoice: 고객이 호텔상품을 이용하고 외상처리 한것을 정산받기 위해 호텔 여신부에서 외상을 한 고개 즉, 청구자에게 적어 보내는 상품청구명세서를 말한다.

Laundry Bag: 투숙중인 고객의 세탁물을 수거하기 위한 세탁물 주머니로써 주로 비닐로 만들어져 객실내에 비치되어 있다.

Log Book: 업무일지나 근무일지 또는 인수인계 일지이다.

Lost and Found: 호텔의 분실물 및 습득물 관리를 해주는 서비스다.

Morning Call: 투숙한 고객의 요청에 따라 지정된 시간에 깨워주는 서비스이다.

Night Cap: 여자 고객들이 머리에 쓰고 잘 수 있도록 제공되는 위생적인 모자로서, 객실 내에 비치되어 있다.

Night Table: 호텔 객실의 침대 머리맡에 놓여 있는 객실 메인 콘트롤 BOX로 고객이 베드에 누운채로 객실 내의 모든 작동 스위치와 전등을 켜고 끌 수 있도록 스위치 보드가 설치되어 있는 것을 말한다.

Occupied: 호텔에서 고객이 객실을 현재 사용중임을 나타내는 용어이다.

On Change: 현재 객실 청소 및 정돈 중이란 표시를 뜻한다.

Out Of Order: 객실의 상태가 수리를 요하거나 보수 등으로 판매할 수 없을 때를 말한다.

Over Stay: 체류기간을 연장하여 머무르는 것을 의미한다.

Paid Out: 호텔 고객의 편의를 도모하기 위해 프런트에서 소액의 현금을 빌려주고 나중에 체크아웃할 때 지불 받는 것을 말한다.

Pick-Up: 고객의 요청으로 공항이나 쇼핑센타 등의 현장까지 가서 호텔차를 이용하여 데려오는 서비스다.

Penthouse: 일반적으로 숙박시설의 최상층에 꾸미는 특별 객실을 의미한다.

Pre Registration: 고객이 도착하기 전에 호텔이 고객의 사전등록 카드를 작성하는 것을 말한다.

Room Inspector: 최종적으로 객실상품을 확인 점검하는 경력이 많은 종사원이 담당하고 있다.

Roll Away Bed: Extra Bed라고도 하며, 바퀴가 달린 간이용 접이 침대를 말한다.

Safety Box: 프런트나 객실내에 비치되어 있는 안전금고를 말한다.

Sanitary Tape: 객실의 욕실 변기에 사용되는 위생밴드로서, 청소가 완료되어 한번도 사용되지 않았음을 표시한 것이다.

Sewing Kit: 호텔 객실고객을 위한 간단한 바늘 쌈지 요구를 말한다.

Shift: 호텔경영의 특성상 24시간을 영업하기 때문에 하루 통상 3교대로 근무를 계속하게 되는데, 그때 근무조 또는 근무시간을 의미한다.

Shower Cap: 샤워시 사용하는 머리에 쓰는 캡을 말한다.

Skipper: 호텔에서 통상 객실이나 기타 식음료, 부대호텔 상품을 사용한 후 요금을 지불하지 않고 고의로 도망간 사람을 일컫는다.

Sleeper: 프런트 클럭의 부주의로 현재 비어 있는 객실을 기록 착오로 사용중인 객실로 되어 있어 팔지 못한 객실을 의미한다.

Sleep Out: 객실료는 지불했으나 자신의 객실에서 숙박하지 않고 외부에서 숙박한 고객을 말한다.

Stationary: 호텔객실내의 고객서비스를 위하여 비치된 항공편지봉투, 편지지, 우편엽서, 볼펜 등 기타 문구류를 통칭한다.

Turn Away: 호텔 객실판매가 완료된 상태에서 고객이 찾아왔을 때 다른 호텔의 객실을 수배하여 안내해 주는 서비스이다

Turn Down Service: 고객이 쉽게 잠자리에 들 수 있도록 한쪽 모서리의 침대 담요를 접어 넘겨놓은 서비스를 말한다.

Up-Grading: 호텔의 사정상 고객이 예약한 객실을 제공하지 못할 경우에 고객이 예약한 객실보다 비싼 객실을 제공하고 요금은 처음 고객이 예약한 객실요금으로 처리해 주는 서비스다.

Utility Man: 호텔용어로서의 의미는 하우스키핑 소속의 공공구역 청소원을 의미한다.

Vacancy: 당일 판매가능한 객실이 아직 판매되지 않고 비어있는 객실을 말한다.

Valet Service: 호텔종사원들이 세탁소나 주차장에서 고객을 위해서 서비스하는 것을 말한다.

Water Closet: 공공화장실을 말한다.

Walk-In Guest: 예약 없이 호텔을 찾아오는 고객을 가리킨다.

참고문헌

구정대, 호텔객실실무서비스, 대왕사, 2004.
김정근, 호텔경영론, 대왕사, 2002.
김진강 외 2인, 호텔객실실무론, 백산출판사, 2004.
김춘호·최우성, 호텔서비스 실무론, 새로미, 2007.
신형섭 외 2인, 호텔객실서비스 실무, 새로미, 2006.
이선희·송대근, 호텔객실실무론, 대왕사, 2007.
이세일·정호권, 호텔실무개론, 한올출판사, 2003.
이혜숙 외 2인, 호텔객실의 이해, 대왕사, 2004.
전홍진·김홍일, 호텔객실실무론, 현학사, 2004.
호텔신라 교육자료, 호텔신라교육원.
롯데호텔 업무 매뉴얼.
소피텔 엠브서드 호텔 객실업무 매뉴얼.
신라호텔 홈페이지: ww.shilla.net
그랜드 인터컨티넨탈호텔 홈페이지: www.seoul.intercontinental.com

CHAPTER 12

호텔 식음료서비스 업무

제1절 식음료 부서의 일반적 개요

1. 식음료관리의 특성

호텔의 식음료 부문은 타부서와는 달리 인적의존도가 매우 높은 부서이다. 아무리 좋은 유형적인 시설이나 상품도 무형적인 인적서비스에 의해 상품의 가치가 결정되는 경우가 많기 때문에, 종사원들의 교육훈련이 무엇보다도 중요하다고 할 수 있다.

그리고 식음료 상품은 주문생산이 원칙이며, 생산과 소비의 동시성이라는 특성으로 계획생산을 제대로 할 수 없다. 또한 음식의 경우 고객주문에 의한 생산과 소비가 이루어지므로 언제나 다양한 요리를 제공하는 호텔식당에서는 적정한 식재료와 다양한 조리시설 그리고 많은 인원이 대기하여야 한다는 어려운 점을 가지고 있다. 이러한 호텔 식음료 관리상의 특성들을 요약하면 다음과 같다.

첫째, 생산과 판매가 동시에 이루어진다는 점이다. 이는 고객의 주문에 의해 상품이 제조된 다는 것이며, 이러한 제약조건은 많은 비용을 발생시킨다.

둘째, 고객에 대한 수요 예측이 불가능하다. 호텔 식음료는 예약을 통하여 어느 정도 수요는 예측할 수 있지만 일반적으로 정확한 수요예측은 불가능하다.

셋째, 주문에 의해 생산이 이루어지므로 재고관리가 어렵다.

넷째, 다른 상품과는 달리 식음료의 상품은 판매 중 지속적인 인적서비스가 필요하다.

다섯째, 식음료 부서는 타부서에 비하여 과다한 인원의 집중과 시간적 비효율성이 발생한다.

여섯째, 다양한 메뉴에 의한 많은 기기들과 공간이 필요하며, 식재료 재고의 발생으로 고비용 저효율의 결과를 초래한다.

일곱째, 단시간 내에 완전히 요리를 생산해야 하는 시간적인 제약을 받는다. 따라서 원재료의 구매나 인원의 계획에 어려움이 있다.

여덟째, 식재료 관리에 있어서 식재료 양을 감독하고 구매비용을 정확히 관리하기가 상당히 어렵다.

2. 식음료서비스의 조직과 직무

1) 식음료 부문의 조직

호텔의 식음료 부문은 위치·규모·등급·업종·가격·음식종류·서비스형태 등에 따라 조직의 형태가 다르다. 관광호텔의 경우에는 다양한 형태의 식음료업장을 운영하고 있으며, 일반적인 식음료 부문의 조직체계를 살펴보면 다음과 같다.

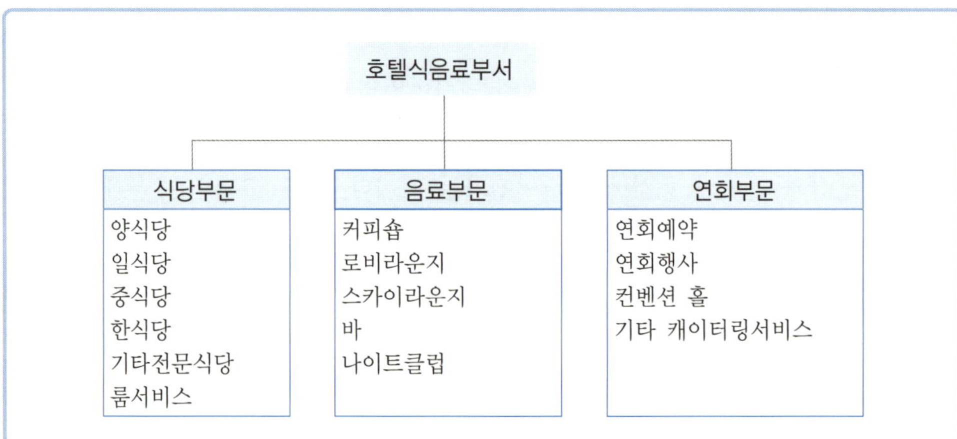

[그림 12-1] 식음료부문부서

2) 인적구성에 의한 조직체계

식음료 부문의 직급과 직무는 호텔의 규모와 성격에 따라 다르지만, 일반적으로 다음과 같은 직급 및 직무체계를 갖추고 있다.

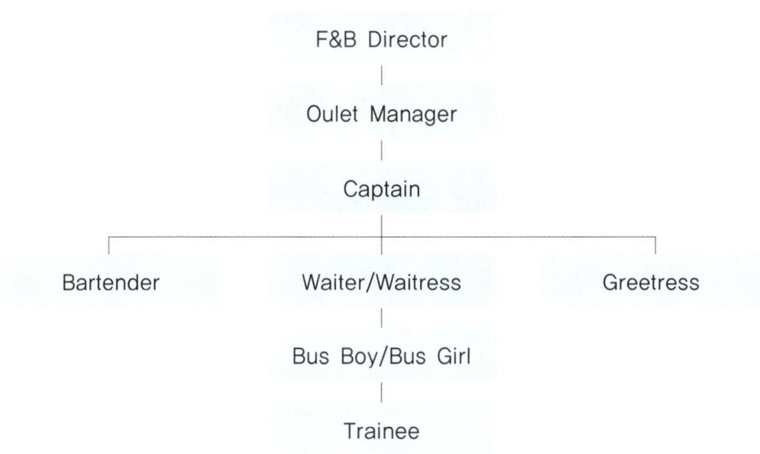

[그림 12-2] 식음료 영업장의 조직

(1) 영업징 지배인(Restaurant Manager)

① captain, waiter, waitress, bus boy에 대한 훈련과 감독을 한다.
② 종사원들에 대한 업무와 영업준비를 지시한다.
③ 예약접수현황과 준비사항을 점검하고 각 담당자의 임무에 대한 세부 사항을 지시한다.
④ 고객영접안내를 하며 각 서비스 스테이션의 균형유지에 힘쓴다.
⑤ 고객들의 불평처리와 식음료에 대한 권유, 서비스에 대한 총괄적인 책임을 진다.
⑥ 식당내의 모든 서비스에 대한 지휘통솔과 동시에 주방요원과 서비스요원 간의 협동을 이루도록 조정한다.

(2) 접객조장(Captain)

① 영업시작 시간 전에 담당구역의 서비스 준비사항과 종사원들을 점검한다.
② 캡틴은 그 구역내의 팀장으로서 고객을 영접하고, 주문을 받으며, 판매하는 메뉴와 각 품목의 조리시간을 숙지하고 적당한 순서에 따라 서비스를 한다.
③ 타업장에 대한 모든 사항과 연회행사의 스케줄에 관해서도 알고 있어야 한다.
④ 고객을 전송한 다음 식탁을 재정비하도록 지시한다.
⑤ 업장 서비스 매뉴얼, 호텔규정, 긴급시 조치사항 등을 숙지하여야 한다.

(3) 웨이트, 웨이트리스(Waiter, Waitress)

① 할당된 구역과 부수적인 업무와 테이블 번호를 숙지해야 한다.
② 테이블이 잘 정돈되었는지, 서비스구역이 잘 정리되었는지 등 영업 준비사항을 점검하고 버스보이를 감독하며 도와주어야 한다.
③ 담당테이블의 접객, 식음료 주문, 그리고 올바른 순서에 따라 모든 식사코스를 능률적으로 제공하여야 한다.
④ 고객의 식사가 끝났을 때 고객의 요구에 따라 계산서를 제공하고 이상 유무를 확인한다.
⑤ 다음고객을 접대하기 위해 식탁을 재정비한다.

(4) 버스 보이(Bus Boy)

① 버스 보이의 임무는 웨이트와 웨이트리스의 일을 돕는 것이다.
② 사용이 끝난 접시들은 주방의 접시 닦는 곳으로 옮겨 치운다.
③ 식당에서 필요한 은기물이나 글라스류, 리넨류 등을 보급한다.
④ 테이블을 정리정돈하며 사용된 리넨류를 치우고 테이블 세팅을 한다.
⑤ 식탁으로 요리를 운반하는데 웨이트를 돕는다.
⑥ 식당내의 가구류를 청소하고 기타 기물을 닦는데 돕는다.

⑦ 서비스매뉴얼, 호텔규정, 긴급시 유의사항을 숙지하여야 한다.

(5) 와인 스튜어드(Wine Steward)

① 와인의 진열과 음료재고를 점검관리하며 필요시 음료창고로부터 보급수령 한다.
② 아페리티프(apèritif), 테이블와인, 디저트와인 등을 권유하고 주문을 받는다.
③ 주문받은 와인을 서브한다.
④ 서비스메뉴얼과 호텔규정에 대하여 숙지하고 있어야 한다.

(6) 그리츄레스, 리셉션니스트(Greetress, Receptionist)

① 예약업무, 좌석안내절차 등에 대하여 숙지하고 있어야 한다.
② 각 스테이션에 배치된 캡틴을 기억하고 또한 식탁번호를 숙지하여야 한다.
③ 영업시간에는 업장에서 예약을 받으며, 그날의 예약은 행사 전에 충분한 시간을 두어 예약을 받도록 하고, 영업시간이 아닐 경우에 식당사무실에서 받도록 한다.

3. 식음료서비스의 형태와 방법

레스토랑마다 메뉴, 시설, 이미지 등에 따라 나름대로의 음식서비스방법이 있지만, 몇 가지의 서비스방법으로 구분되어진다. 즉 음식 서비스는 식음료의 제공방법에 따라 테이블 서비스(Table Service), 셀프서비스(Self Service), 뷔페 서비스(Buffet Service), 카운트 서비스(Counter Service) 등으로 구분할 수 있다.

1) 테이블 서비스(Table Service)

테이블 서비스는 음식 서비스의 가장 전형적인 서비스의 형태로 웨이트와 웨이트리스가 고객으로부터 직접 주문을 받고, 식음료를 제공하는 서비스를 말한다. 테이블 서비스의 종류는 방법에 따라 프렌치 서비스, 러시안 서비스, 아메리칸 서비스, 패밀리 서비스로 나눌 수 있다.

(1) 프렌치 서비스(French Service)

프렌치 서비스는 화려하고 정중하여 주로 고급식당에서 제공되는 서비스이다. 프렌치 서비스는 고객이 앉은 테이블 앞에 조리기구와 재료가 준비된 사이드 테이블(side table)에서 종사원이 직접 조리하여 각각의 플레이트에 담아 서비스하는 특징을 가지고 있다.

(2) 러시안 서비스(Russian service)

러시안 서비스는 실버 서비스(silver service) 또는 플래터(platter service)라고도 한다. 생선이나 가금류를 통째로 조리하여 아름답게 장식한 후, 고객에게 서브되기 전에 사이드 테이블에 전시함으로써 식욕을 돋구게 하는 효과를 노린 것에서 유래되었다. 사이드 테이블의 실버 플래이트(silver plate)에 담겨진 음식을 각각의 플래이트에 담아 서비스하거나, 웨이트가 시계도는 방향으로 테이블을 돌아가며 고객의 왼쪽에서 적당량을 덜어 주는 방법으로 서브를 하는 매우 고급스럽고 품위 있는 서비스다.

(3) 아메리칸 서비스(American service)

아메리칸 서비스는 프렌치 스비스나 러시안 서비스와는 달리 형식보다는 편의를 위주로 한 서비스 방법이다. 아메리칸 서비스는 음식을 접시에 담아 고객에게 직접 서브하는 플래이트 서비스와 고객이 많을 때 음식이 담긴 접시들을 트래이(tray)를 사용하여 고객에게 서브하는 트래이 서비스(tray service)로 구분된다. 아메리칸 서비스는 레스토랑에서 가장 일반적으로 사용하고 있는 서비스이며, 신속하고 능률적이기 때문에 비교적 좌석회전이 빠른 레스토랑에 적합한 서비스 방법이다.

(4) 패밀리 서비스(Family service)

식사서비스에서 패밀리 서비스는 아메리칸 서비스를 일부 변경한 서비스로 볼 수 있다. 특히 패밀리 서비스는 가족고객이나 단체고객에게 서비스하는 방법으로 대부분 적은 종사원을 이용하여 제공할 수 있다. 서비스 방법은 음식을 주방에서 보울(bowl)이나 플래이트에 담아 식탁중앙에 놓거나, 종사원이 도와서 서비스하고 남은 요리를 식탁 위에 놓아두면 고객 스스로가 요리를 분배해서 식사를 하는 방법이다.

2) 셀프 서비스(Self Service)

셀프 서비스는 일반적으로 카페테리아(cafeteria)나 뷔페(buffer) 서비스처럼 다량의 음식을 진열하여 놓고 고객이 직접 가져다 먹을 수 있도록 시설과 분위기를 제공하는 서비스이다. 경우에 따라 카빙(carving)이 필요한 요리는 조리사에 의해 서비스되며, 수프와 음료를 웨이터가 제공해 주기도 한다. 이 서비스는 우아하고 멋있게 진열된 요리식탁에서 고객 스스로 식사할 만큼 선택하여 먹는 식사방법을 말한다. 때로는 진열된 식탁 뒤에 요리사가 배치되어 고객이 선택하는 요리를 서비스하기도 한다. 뷔페의 음식은 차가운 음시에서 따뜻한 음식순으로 그리고 부드러운 음식에서 진한 음식 순으로 배열되어 있으며, 디저트는 별도의 식탁을 만들어 진열하기도 한다.

3) 카운터 서비스(Counter Service)

카운터 서비스는 고객이 조리사와 붙어 있는 카운트를 식탁으로 사용하면서 직접 조리하는 모습을 지켜보며 식사를 할 수 있는 서비스 방법이다. 따라서 카운트 서비스는 음식을 신선하고 빠르게 제공할 수 있으며, 고객이 보는 앞에서 조리를 하므로 시각적 서비스를 높임으로써 고객의 만족도를 높일 수 있다.

4. 식당차림 서비스(Table Setting)

1) 식당차림의 준비

(1) 업장준비(Mise-en-place)

호텔의 각 영업장은 고객이 입점하면 즉시 서비스할 수 있도록 청결상태에서부터 환경정리와 정돈, 식탁의 배치·고정, 각종 테이블 리넨류 및 사이드 테이블 그리고 모든 기물류가 충분히 준비되어 있어야 한다. 다시 말하면 영업이 시작되기 전에 모든 준비물을 완벽하게 점검하여 고객에게 질 높은 서비스를 제공할 수 있도록 철저한 준비로 영업을 시작할 수 있도록 하는 것이다.

(2) 테이블과 의자

① 테이블의 준비

테이블은 식음료 서비스를 위해 항상 수평을 유지하고 흔들리지 않아야 하며, 테이블 다리에 먼지나 오물을 제거하고 또한 녹이 슬지 않았는가 확인한다. 또한 테이블 클로스(table cloth)가 한쪽으로 치우치지 않도록 평평하게 깐 다음 전체적인 균형을 유지하는지 확인한다. 언더 클로스(under cloth, silence cloth, table pad)는 주름이 생기지 않도록 평평하게 고정시켜서 깔아야 한다. 그리고 고객들의 수에 따라 테이블과 테이블을 연결하는 경우가 발생하는데, 그때는 이음새가 벌어지지 않도록 주의해야 된다. 세팅의 중앙과 옆좌석 세팅의 중앙과의 폭은 60cm 정도로 테이블의 성격에 맞도록 배치한다.

② 의자의 준비

영업장의 의자 준비는 의자가 흔들리거나 파손되어 있는지를 확인하고, 이상이 없는 의자는 세팅의 중심에 맞추어 배치한다. 영업장의 의자 높이는 기본적으로 42~45cm가 적당하며, 고객이 앉는 부분의 넓이는 50×50cm가 안정적이다. 의자

세팅시는 테이블 클로스의 늘어진 끝이 의자 높이와 평행하도록 해서 준비한다.

(3) 테이블 클로스

영업장의 영업 준비 과정에서 테이블 클로스(table cloth)는 흰색을 사용하는 것이 일반적인 원칙이지만, 최근에는 색과 무늬가 들어 있는 다양한 종류의 클로스가 사용되고 있다. 테이블 클로스는 언제나 깨끗하게 다림질이 되어야 하며, 클로스를 깔 때에는 접었던 선이 식탁의 가로・세로와 평행이 되도록 하여야 한다. 그때 테이블 클로스 밑에는 언더 클로스를 깔아 식탁 위에서 나는 소음을 미연에 방지시킨다.

톱 클로스(top cloth)는 테이블 클로스 위에 깔아 테이블 클로스가 쉽게 더러워지는 것을 방지하고, 테이블의 품위를 높여 주는 것이다. 테이블 클로스는 얼룩이나 구멍 등 흠이 있는 것은 사용해서는 안된다.

(4) 냅킨

테이블에서 고객의 식사를 준비하는 여러 가지 기물 중 냅킨(napkin)은 식탁 전체의 분위기와 식사 서비스의 모양을 한층 더 화려하게 만들 수 있는 기물이다. 냅킨을 사용하기 위해 준비하는 과정은 매우 다양하고 복잡하며, 또한 접는 방법에 따라 매우 아름답게 꾸며지기도 한다. 냅킨을 사용하는 의미는 고객이 음식과 음료를 섭취하는 데 있어서 보조적인 기능으로 편리하고 안전하며 좀 더 나은 분위기를 창출하기 위해 사용하는 기물이다. 식음료 영업장에서 빠질 수 없는 기물 중의 하나인 냅킨은 다음과 같은 특징을 갖고 있다.

① 모양의 다양성과 정돈된 상태는 수준 높은 분위기와 좋은 첫인상을 주기 때문에 식탁의 마지막 장식품이라 할 수 있다.

② 규격은 50cm×50㎝, 67.5cm×67.5cm 등의 여러 종류로서 빠르고 쉽게, 또한 아담하고 단정하게 접어야 한다.

③ 청결한 느낌을 주기 위해 백색을 원칙으로 하나, 테이블 클로스와 잘 어울리는 색깔을 사용하여야 하며, 접어진 냅킨은 서비스 플레이트나 식탁 위에 그냥 세워 놓기도 한다.

(5) 센터피스

레스토랑의 식탁 중앙에 분위기를 돋보이도록 놓여지는 것을 센터피스(center pieces)라고 말한다. 즉 식탁을 돋보이게 하기 위해 놓은 센터피스의 종류로는 꽃병 · 소금 · 후추병 · 재떨이 · 촛대 등이 있으며, 또한 뷔페식당의 중앙에 장식물로 놓이는 생선요리· 케이크· 과일용 은제 바스켓· 얼음조각 등도 이에 속한다. 테이블 위에 꽃의 높이가 너무 높아 상대방의 얼굴을 마주 보는데 방해가 되거나, 식사하는데 불편을 주는 너무 화려한 경우는 피해야 한다. 소금과 후추병은 보통 2~3명에 한 세트씩 세팅하며, 내용물이 차 있어야 하고, 응고되거나 구멍이 막히지 않았는지 확인하여 항상 청결을 유지해야 한다.

(6) 서비스 타월

서비스 타월(service towel)은 일반적으로 암타월(arm towel) 혹은 핸드타월(hand towel)이라고 부른다. 서비스 타월은 3등분 또는 4등분으로 접어 왼쪽 겨드랑이에 낀다든지, 아니면 왼쪽 팔목에 걸쳐서 고객의 부주의로 음식이나 음료를 쏟았을 때 신속하고 예의바르게 대처하기 위한 용도이다. 특히 뜨거운 접시나 플레이트 등을 운반할 때 사용하기도 한다.

(7) 바 클로스

바 클로스(bar cloth)는 주장(bar)에서 주로 사용하는 것으로서, 글라스를 닦거나 배열할 때 또는 손때가 묻지 않도록 하기 위해 필요하다. 또한 바 클로스는 물기가 젖어 있어서는 안 되며, 기본적으로 백색의 리넨을 사용한다.

(8) 도일리

도일리(doily)은 식탁 위에 세팅하여 집기류를 놓거나 음료를 서비스할 때 밑받침으로 사용하는 것이다. 또한 꽃병 및 그 밖의 장식용 밑받침으로 사용된다.

2) 테이블 세팅

식탁차림(table setting)이란 고객이 품위 있고 안정된 식사를 할 수 있도록 식탁이나 각종 식사기물을 정확하고 깨끗하게, 그리고 사용하는데 편리하게 배열하는 것을 말한다.

식탁차림은 장소나 요리의 특성에 따라 기본적인 원칙이 있다. 이러한 원칙은 업장의 특징과 식탁의 종류 그리고 기물의 종류에 따라 다소 다를 수 있으나, 고객의 입장에서 편리하고 보기 좋게 테이블이 세팅되기 위해서는 다음과 같은 기본원칙을 지켜야 한다.

① 쇼 플레이트와 은기류는 식탁 가장자리로부터 2cm 정도의 간격으로 보기 좋게 놓는다.

② 기물류의 배열은 전체적인 균형을 이룰 수 있도록 적당한 간격으로 보기 좋게 놓는다.

③ 빵 접시(bread plate)의 중앙선과 쇼 플레이트의 중앙선이 일치하도록 배열한다.

④ 버터 나이프(butter knife)는 빵접시 위에 오른쪽으로 1/4 정도 되는 부분에 포크의 배열선과 맞춰 놓는다.

⑤ 디너 나이프와 포크(dinner knife & fork)를 놓는다.

⑥ 피시 나이프와 포크(fish knife & fork)를 놓는다.

⑦ 수프 스푼과 샐러드 포크(soup spoon & salad fork)를 놓는다.

⑧ 에피타이저 나이프와 포크(appetizer knife & fork)를 놓는다.

⑨ 디저트 스푼과 포크(dessert spoon & fork)를 show plate 위쪽에 놓는다.

⑩ 물잔과 와인글라스(water goblet, white & red wine glass)를 놓는다.

⑪ 냅킨(napkin)을 놓는다.

⑫ 전체적인 조화와 균형을 점검한다.

쇼프레이트 또는 냅킨 중심잡기 → 디너(미트)나이프와 포크 → 생선나이프와 포크 → 수프 스푼 → 전채나이프와 포크 → 빵접시와 버터나이프 → 디저트 스푼과 포크 → 레드와인 글라스 → 화이트와인 글라스 → 워터 글라스 → 소금과 후추, 꽃병이나 촛대 → 의자정렬

[그림 12-3] **테이블 세팅 순서**

제2절 메뉴관리

1. 메뉴의 이해

1) 메뉴의 정의

메뉴(menu)의 어원은 라틴어의 Minutus에서 온 말로서 '상세히 기록한다', 또는 '아주 작은 표'라는 의미를 지니고 있다. 메뉴는 고객에게 식사로 제공되는 요리의 품목 · 명칭 · 형태 · 순서 등을 체계적으로 알기 쉽게 설명해 놓은 상세한 목록표 · 차림세 또는 식단이라고 부르기도 하나, 일반적으로 Menu란 말이 세계 공용어로

통일되어 있다. 우리나라에서는 차림표 또는 식단이라는 말로 주로 쓰이고 있으며, 메뉴는 '식사로 제공되는 요리를 상세히 기록한 목록'이라고 정의할 수 있다.

2) 메뉴의 중요성

메뉴내용에 따라서 식재료 구매, 재고관리, 음식의 조리, 서비스나 작업계획 등의 관리내용이 결정된다. 또한 메뉴의 종류와 내용에 의해서 주방에 필요한 시설의 설비와 배치가 결정된다. 즉 메뉴는 식재료의 구매, 저장, 식음료관리, 주방 및 홀의 시설과 설비, 그리고 장비의 배치 등 공간배분뿐만 아니라 모든 분야에 영향을 미치게 된다. 그러므로 호텔 식음료 및 외식업체의 경영은 기본적으로 메뉴의 계획으로부터 시작한다고 할 수 있다.

한편 메뉴는 단순히 품목과 가격을 기록하는데 그치는 것이 아니라, 고객과 영업장을 연결하는 기능을 가진다. 또한 메뉴는 고객과의 의사소통을 위한 가장 중요한 수단으로서 뿐만 아니라, 마케팅도구로서의 역할도 담당하고 있다.

① 최초의 판매수단

② 마케팅 도구

③ 고객과의 약속

④ 내부통제 수단

3) 메뉴계획

메뉴계획이란 제공될 여러 가지 종류의 음식을 판매하기 전에 어떤 고객에게, 어떤 재료를 가지고, 어떻게 조리하여, 어떤 가격으로, 어떻게 판매할 것인가를 사전에 종합 검토하여 작성하는 과정을 말한다. 메뉴계획에 있어서 중요한 사항은 다음과 같다.

① 목표시장의 고객욕구 파악

② 원가와 수익성 조사
③ 식재료 구입의 시장 사항
④ 조리기구 및 시설의 수용능력
⑤ 다양성과 매력성
⑥ 영양적 요소

2. 메뉴의 종류

1) 식사내용에 의한 구분

(1) 정식 메뉴(Tabel d'hote Menu)

정식메뉴는 정해진 순서에 의해서 제공되는 메뉴로서, 즉 정해진 가격에 의해 정해진 순서대로 제공되는 요리를 말한다. 정식메뉴는 풀 코스 메뉴(full course menu)로 제공되는데 일반적으로 5코스, 7코스, 9코스 등으로 이루어지고 있으며, 정식 메뉴의 장점은 다음과 같다.

① 가격이 각 품목별로 선택할 때보다 저렴한 편이다.
② 고객의 메뉴선택이 용이하다.
③ 제공되는 요리품목의 메뉴구성이 한정되어 있다.
④ 단위생산단가가 높아 매출액이 상승된다.
⑤ 메뉴작성이 쉽고, 고객의 기호와는 달리 메뉴의 선택 폭이 좁다.
⑥ 신속하고 능률적인 서브를 할 수 있다.
⑦ 조리과정이 일정하여 인력이 절감된다.

그러나 정식메뉴의 단점은 고객의 기호나 특성 및 개성에 따라 싫어하는 음식도 있을 수 있으나, 기존의 메뉴가 정해져 있기 때문에 선택의 여지가 없다.

① 5 Course(전채 → 수프 → 주요리 → 후식 → 음료)

② 7 Course(전채 → 수프 → 생선 → 주요리 → 샐러드 → 후식 → 음료)
③ 9 Course(전채 → 수프 → 생선 → 샤벳 → 주요리 → 샐러드 → 후식 → 음료 → 식후 생과일)

(2) 일품요리 메뉴(À La Carte Menu)

일품요리 메뉴란 고객의 기호에 따라 한 품목씩 자유로이 선택하여 먹을 수 있는 차림표를 말한다. 한 품목씩 가격이 정해져 있어 고객이 선택한 품목의 가격만큼 지불하면 된다. 일품요리 메뉴의 그 구성은 일반적으로 정식식사의 순서에 따라 몇 가지씩 요리품목을 명시해 놓고 있다. 일품요리의 메뉴는 정식요리의 메뉴에 비해 다음과 같은 특징이 있다.

① 가격이 정식메뉴보다 비교적 비싼 편이다.
② 고객의 기호에 따라 다양하게 메뉴를 선택할 수 있다.
③ 제공되는 요리품목의 메뉴구성이 다양하다.
④ 메뉴의 종류가 많아 식자재의 관리가 어렵다.

(3) 연회 메뉴(Banquet Menu)

보통 연회를 하기 전에 연회를 주최하는 고객과의 상의하여 고객이 원하는 요리의 종류와 가격을 선택하여 결정되는 메뉴이다. 즉 연회예약을 접수할 때 행사내용이나 주최측의 요구에 따라 다양한 일품요리 메뉴 또는 정식메뉴로 구성되는 메뉴를 말한다.

(4) 뷔페 메뉴(Buffet Menu)

일정한 요금을 지급하면, 고객의 기호에 따라 준비된 음식 중에서 좋아하는 음식을 마음껏 즐길 수 있는 셀프서비스 방식의 식사메뉴이다. 그러나 음료나 술은 따로 계산을 하도록 되어 있다. 뷔페는 준비내용에 따라 찬(cool)뷔페와 더운(hot)뷔페로 나눌 수 있으며, 내용상으로는 일정하게 예약된 인원을 위하여 정해진 음식의 양이 제공되는 클로즈뷔페(closed buffet)와 불특정다수의 고객을 대상으로 준비되는 오픈뷔페(open buffet)가 있다.

2) 시간적인 내용에 의한 구분

(1) 아침 메뉴(Breakfast Menu)

아침에 제공하는 요리를 총칭하는 것으로서 보통 오전 10시까지 제공되는 요리를 말한다. 아침식사형태는 최근에 들어서 다양하게 제공되고 있으나, 보통 호텔에서 제공되는 아침 메뉴는 보통 4가지로 나눌 수 있으며, 그 내용은 다음과 같다.

① American Breakfast: juice or fruit → cereal → egg → toast bread → beverage

② Continental Breakfast: juice → toast bread → beverage

③ Vienna Breakfast: sweet roll or danish pastry → soft boil egg → coffee or milk

④ English Breakast: juice → cereal → fish → egg → toast bread → beverage

(2) 브런치 메뉴(Brunch Menu)

브런치는 아침과 점심의 합성어로 공휴일이나 일요일에 늦게 일어난 사람들에게 아침겸 점심을 먹는 습관에서 출발하여 생긴 메뉴이다. 브런치 메뉴는 전통적으로 아침식사로서 인기 있는 음식으로 마련되지만, 과일 · 빵 · 달걀 · 육류 등 다양하게 제공되기도 한다.

(3) 점심 메뉴(Lunch Menu)

점심메뉴는 저녁식사보다는 간단하고 코스도 적을 뿐만 아니라, 아침식사와 같이 비교적 빨리 만들 수 있는 메뉴가 주종을 이룬다. 최근 샌드위치, 수프, 샐러드,

과일주스, 빵 등 영양이 충분하면서 빨리 먹을 수 있는 메뉴가 점심메뉴로 대표적이다. 이것은 대개 정식의 메뉴로 구성되지만, 내용적으로는 정찬보다는 간단한 3~4코스로 구성된다.

(4) 저녁 메뉴(Dinner Menu)

저녁메뉴는 내용적으로 다양할 뿐만 아니라 가격면에서도 점심메뉴보다 비싸다. 그리고 하루 중 비중 있는 식사인 만큼 정성을 들인다. 스테이크, 치킨, 로스토, 해물요리, 파스타, 랍스타 등이 전통적으로 저녁메뉴의 주코스에 해당한다. 또한 포도주와 칵테일, 샴페인 그리고 다양한 디저트와 함께 제공되기 때문에 점심메뉴보다 훨씬 다양하다.

(5) 스낵 메뉴(Snack Menu)

아침과 점심, 점심과 저녁 사이에 간단히 먹는 메뉴로서 샐러드, 요구르트, 아이스크림, 치즈, 케이크류, 소시지, 샌드위치, 커피, 차 등이 포함되어 제공되는 요리를 스낵메뉴라 한다.

(6) 심야정찬 메뉴(Supper Menu)

심야정찬 메뉴는 보통 특별한 축제행사나 이벤트행사로 늦은 저녁에 제공되는 메뉴로 보통 2~3가지 코스로 짜여져 있다. 원래는 격식이 높은 정식이었으나, 점차 변하여 최근에는 가벼운 야식으로 변했다. 그때의 음식은 항상 질이 우수하고 소화가 쉽게 되는 것으로 주의 깊게 짜여지는 것이 보통이다.

3) 기타 메뉴

(1) 축제 메뉴(Fevestival Menu)

축제 메뉴는 축제일이나 특별한 날을 기념하기 위하여 만든 메뉴이다. 한 예로

추수감사절이나 성탄절에는 칠면조요리나 호박파이 등을 반드시 메뉴에 넣어야 하는 것이 좋은 예이다.

(2) 오늘의 특별 메뉴(Daily Special Menu)

오늘의 특별메뉴는 주방장이 당일에 고객의 취향을 맞추어 제공되는 메뉴로서, 보통 변화 있고 기호성을 살릴 수 있는 메뉴를 말한다.

(3) 계절 메뉴(Seasonal Menu)

계절 메뉴는 그 계절에 맞는 특별한 재료를 가지고 만든 메뉴로서 대체로 strawberry, mushroom, apple, ice cream, saimon, salad 등을 선정하여 만든 메뉴를 말한다.

제3절 음료관리

1. 음료의 분류

음료(beverage)는 이윤을 많이 남길 수 있는 레스토랑의 대표적인 식음료상품이다. 호텔 식음료업장 뿐만 아니라 일반 레스토랑에서의 음료는 서비스 직원의 판매능력에 따라 매출을 극대화시킬 수 있는 상품이다. 따라서 식음료부서의 종사원들은 음료에 대한 상품지식과 판매기술을 충분히 습득하여 매출증대에 기여하여야 한다.

일반적으로 음료를 구분할 때에는 크게 알코올성 음료와 비알코올성 음료로 구분한다. 술이라고 호칭되는 알코올성 음료는 술을 만드는 방법에 따라 양조주(fermented), 증류주(distilled) 그리고 혼성주(compouned)로 구분되며, 비알코올성 음료는 청량음료(soft drink), 영양음료(nutritious), 기호음료(fancy taste)로 구분한다. 특히 현대에 들어와 제조기술의 발전으로 다양한 음료를 만들어 내면서 스포츠 음료인 기능성 음료(function drink), 또한 우리나라의 전통음료(traditional drink)인 식혜·수정과 등과 같은 음료도 있다.

1) 알코올성 음료

(1) 양조주(fermented liquor)

양조주는 곡류·과실 등 당분이 함유된 원료를 효모균에 의해 단순히 발효시켜 만든 것이다. 과실을 발효시켜 만든 것으로 포도주(wine)·사과주(cider)·배주(perry) 등이 있고, 전분을 원료로 하여 그 전분을 당화시켜 다시 발효공정을 거쳐 얻어내는 것으로 맥주와 청주 등이 있다.

(2) 증류주(distilled liquor)

증류주는 곡물·과실 등을 원료로 한 양조주를 증류기에서 증류한 것으로 양조주보다 더 강한 알코올 함유량을 갖고 있다. 곡류 및 감자의 전분을 원료로 위스키(whisky)·진(gin)·보드카(vodka) 등을 만들고, 포도와 사탕수수를 원료로 한 브랜디(brand)·럼(rum) 등이 있다.

(3) 혼성주(compounded liquor)

혼성주는 증류주 또는 양조주에 초근목피·향료·당분·착색료 등을 첨가한 알코올음료로 프랑스에서는 리큐르(liqueur), 미국과 영국에서는 코디얼(cordial)이라 부른다. 혼성주로는 압생트(Absinthe), 베네딕틴(Benedictine), 샤르트뢰즈(Chartreuse), 코인트르(Cointreau), 큐라소(Curacao) 등이 있다.

2) 비알코올성 음료

(1) 청량음료(soft drink)

청량음료는 알코올성분이 없는 음료로서 음료수에 천연 또는 인공감미료를 함유시키거나 천연과즙에 탄산가스를 함유시켜 만든다. 탄산성 음료와 비탄산성 음료로 구분되며, 특히 칵테일을 주조할 때 부재료로 많이 사용된다. 탄산성 음료로는 콜라, 소다수(soda water), 진저 에일(ginger ale), 토닉 워터(tonic water), 사이다 등이 있고, 비탄산성 음료로는 광천수(mineral water), 비키 워터(vichy water), 에비앙 워터(evian water), 셀처 워터(seltzer water) 등이 있다.

(2) 영양음료(nutritious)

영양음료는 레몬・라임・오렌지 등 과실의 즙을 짜서 만든 과실음료와 낙농제품의 우유・야구르트 등이 대표적이다.

(3) 기호음료(fancy taste)

기호음료는 커피・홍차・녹차・인삼차 등 사람들이 기호식품으로 즐겨 먹는 음료를 말한다.

〈표 12-1〉 음료의 분류

음료	구분	분류	종류	세부 종류
음료 (Beverage)	비알코올성 음료 (Non-Alcoholic Beverage)	청량음료 (Soft Drink)	탄산음료(Carbonated)	
			무탄산음료(Non-Carbonated)	
		영양음료 (Nutritious Drink)	주스류(Juice)	
			우유류(Milk)	
		기호음료 (Favorite taste)	커피(Coffee)	
			홍차(Tea)	
	알코올성 음료 (Alcoholic Beverage)	양조주 (Femented Liquor)	맥주(Beer)	
			포도주(Wine)	
			청주(Sake)	
			탁주(Rice Wine)	
		증류주 (Distilled Liquor)	위스키 (Whisky)	스카치 위스키 (Scotch Whisky)
				아이리쉬 위스키 (Irish Whiskey)
				카나디언 위스키 (Canadian Whisky)
				아메리칸 위스키 (American Whisky)
			브랜디(Brandy)	
			진(Gin)	
			보드카(Vodka)	
			럼(Rum)	
			데킬라(Tequila)	
			아쿠아비트(Aquavit)	
		혼성주 (Compounded Liquor)	약초, 향초류(Herbs and Spice)	
			과실류(Fruits)	
			종자류(Beans and Kernels	

2. 음료의 서비스

1) 커피 서비스

커피는 향을 즐기는 기호음료이므로 커피를 제공할 때에는 맛과 향이 살아 있도록 세심한 주의가 필요하다. 커피를 제공할 때 적정온도는 80~83℃이며, 설탕과 크림을 넣었을 때 60~63℃가 유지되어야만 커피의 맛을 제대로 느낄 수 있다. 커피를 마실 때에는 설탕과 크림을 넣어 마시는 것이 보통인데, 그 이유는 쓴맛을 약하게 하기 위함이며, 설탕을 넣음에 따라 커피의 신맛과 단맛이 구별된다. 설탕의 양은 사람에 따라 다소 차이가 있으며, 10g 정도가 표준이며, 또한 산미를 약하게 하기 위하여 크림을 첨가하는데, 보통 6ml 정도가 표준량이다.

따라서 커피를 서비스할 때에 커피가 뜨거워야 함은 물론, 커피컵도 뜨겁게 보관되어져 있어야 하며, 크림은 너무 차갑게 제공되지 않아야 한다.

2) 차 서비스

차 서비스에 있어서 차를 끓이는 것은 차의 잎에 들어 있는 탄닌성분을 물에서 녹이는 간단한 화학적인 처리과정이다. 물에 용해되었을 때 차에 매콤한 맛과 색깔이 나는 것이 바로 탄닌성분인 것이다. 차를 끓이는 첫째 이유는 바라고자 하는 맛이나 향·색깔 등을 내기 위해 탄닌성분을 충분히 용해시키는 것이다. 약 5분 정도 우려내면 잎에 있는 탄닌의 1/3 정도가 용해되는데, 그때 가장 알맞은 맛의 차가 만들어진다.

차의 좋은 향과 맛은 처리과정에서 장시간 우려내어서 나오는 것이 아니라, 기본적인 양과 적절한 시간에 의해서 만들어지므로 특유한 풍미를 잃지 않도록 끓일 때와 제공할 때 세심한 주의를 요한다. 많은 사람들이 차나 커피가 장시간 끓여야만 맛이나 농도의 강도가 진할 것이라고 믿고 있으나, 사실상 이러한 처리과정은 오히려 맛을 떨어뜨리는 원인이 된다. 홍차는 고객의 기호에 따라 레몬을 넣기도 하고, 밀크를 넣기도 하는데, 레몬과즙에 포함된 향기와 홍차의 풍미가 잘 조화되며, 밀크를 넣으면 떫은 탄닌의 강한 맛을 제거시켜 부드러운 맛으로 변하게 한다. 홍차를 제공할 때에도 커피와 마찬가지로 홍차 컵은 따뜻해야 한다.

3) 맥주 서비스

(1) 맥주의 보관방법

맥주는 독특한 향과 거품 등으로 맛이 달라질 수 있기 때문에 취급시 주의가 필요하다. 병맥주와 캔맥주는 살균이 되어 있어 실내온도에서도 크게 신선도에 영향을 미치지 않으나, 저장기간이 너무 길거나 직사광선이나 고온에 노출시키면 맛의 변화를 가져온다. 가장 좋은 저장방법은 5~20℃ 실내온도에서 통풍이 잘 되고 직사광선이 없는 건조한 장소의 어두운 곳이 가장 적합하다. 또한 맥주를 얼리면 물이 맥주로부터 분리되어 소위 '김이 빠지는 현상(flat)'이 나타나 맥주의 맛을 제대로 느낄 수 없다. 생맥주는 양조장에서 출고될 때 가장 완숙한 상태이고 미살균 상태이므로 항상 온도를 2~3℃를 유지하여야 하는데, 7℃이상으로 더워지면 맥주의 맛이 시어지게 된다. 또한 술통의 압력은 12~14파운드를 유지하여야 하는데, 이는 맥주의 온도가 3℃ 정도 때의 압력이다. 압력이 12파운드이면 천연 탄산가스가 노출됨이 없이 적당한 압력을 가지고 있으나, 12파운드보다 낮으면 천연가스가 노출되어 물이 맥주로부터 분리되어 '김이 빠지는 현상'이 나타나기 쉽다.

(2) 맥주의 서비스

맥주의 서비스 온도는 계절이나 기후에 따라 약간씩 다르다. 보통 병맥주는 3~4℃로 보관하였다가 7~8℃ 정도로 고객에게 제공하는 것이 이상적이며, 맥주를 빨리 냉각시키기 위해 온도를 너무 낮게 보관하여 차게 된다면 병을 땄을 때 맥주가 넘쳐 나올 경우가 생긴다. 또한 냉장고에 너무 오랫동안 보관하면 너무 차서 맛을 알 수가 없으며, 거품도 약하게 된다. 마시기 4~5시간 전에 냉장고에 넣었다가 마시는 것이 가장 이상적이다. 생맥주는 2~3℃로 보관하여 제공할 때에는 3~4℃ 정도가 적당한 온도이다. 맥주 거품은 탄산가스의 방출을 방지하고 계속 신선한 맛을 유지시키는 역할을 하며, 병맥주를 글라스에 따를 때에는 글라스 위에서 3~4㎝ 정도 들고 글라스의 8부정도 채우고 거품이 솟도록 하는 것이 좋다.

4) 와인 서비스

와인은 식사와 더불어 즐기는 음료로 일반화되어 있다. 미식가들은 어디에서나 와인에 대한 지식으로 음식이나 향연과 함께 와인을 칭찬하고 평가하기도 한다. 그러므로 와인의 주문은 소멜리아(sommelier)나 숙련된 웨이터가 받는데, 사전에 충분한 지식을 바탕으로 정중하게 받아야 하며, 와인 리스트는 고객의 오른쪽에서 제공한다.

(1) 레드 와인 서비스

레드 와인은 보통 실내온도로 서비스하나, 온도에 민감하기 때문에 서서히 실온으로 되게 하여야 한다. 또한 레드 와인을 다룰 때에는 매우 조심스럽게 다루어야 하는데, 이는 오래된 와인인 경우에 세디멘트(sediment)라는 찌꺼기가 병 바닥에 고이게 되는데, 흔들거나 충격을 주면 이 세디멘트가 흩어져서 와인 맛을 버리기 때문이다.

① 주문된 와인을 보관된 상태로 흔들리지 않도록 운반하여 고객의 오른쪽에서 상표를 확인시킨다.

② 확인이 된 다음 테이블 위나 테이블 옆 서비스 왜건(service wagon) 위에서 상표를 고객 앞쪽으로 하여 와인을 오픈 시킨다.

③ 와인 오픈의 첫 단계는 병목을 둘러 싼 호일을 나이프로 이용해서 벗겨낸다. 그때 병은 움직이지 않고 손을 돌려 호일을 벗겨냄으로써 찌꺼기가 떠오르지 않게 한다.

④ 호일을 벗겨내고 난 다음 서비스 타월로 병입구 주위를 닦는다.

⑤ 와인 스크류를 코르크 중앙에 수직이 되도록 꽂아 와인 스크류가 2/3 정도 깊이 박힐 때까지 돌린다.

⑥ 와인 스크류를 지렛대로 삼고 왼손으로는 병을 잡아 서서히 코르크를 뽑아 내는데, 거의 나왔을 때는 손으로 살짝 뽑아낸다.

⑦ 뽑은 코르크는 와인이 닿은 부분을 위쪽으로 하여 고객의 글라스 오른쪽에 놓아두고 병의 입구를 닦는다.

⑧ 고객이 코르크의 냄새를 맡고 난 뒤 이상이 없다고 할 때 와인을 테스팅(tasting)하기 위해 고객(host)의 글라스에 1oz 정도 따른다.

⑨ 와인 병을 잡을 때에는 상표를 위로하여 고객이 쉽게 볼 수 있도록 하고, 병을 돌려서 상표가 고객에게 향하도록 와인 따르기를 마친다. 와인 병을 돌리는 것은 와인을 따르고 난 뒤 와인 방울이 테이블 클로스에 떨어지는 것을 방지하기 위해서이다.

⑩ 와인테스트 후 좋다는 의향을 표시하면 시계방향으로 돌면서 와인을 서브한다. 전통적으로 여자에게 먼저 서브하고, 나중에 남자에게 서브한다.

⑪ 모든 고객에게 와인을 서브한 후 호스트에게 와인을 서브한다.

⑫ 와인을 서브할 때에는 병 입구가 글라스에 닿지 않도록 글라스에서 약 2~3㎝ 위에서 따른다.

⑬ 제공하는 와인의 양은 글라스에 2/3 정도로 채우거나 2~3oz 정도 따른다.

⑭ 식사 중 고객의 특별한 요구가 없는 한 와인은 계속 제공되어야 한다.

⑮ 와인이 조금 남았을 때는 찌거기가 함께 제공되지 않도록 주의하여야 한다.

⑯ 빈 와인병은 새로운 와인을 제공하거나 식사를 마칠 때까지 와인 바스켓에서 빼내 테이블에 놓아둔다.

(2) 화이트 와인이나 로즈 와인 서비스

화이트 와인이나 로즈 와인은 서비스하기 전에 적당한 온도로 차갑게 되어 있어야 한다. 화이트 와인을 서비스하기 위해서는 와인 쿨러(wine cooler)에 담아 20~30분 후 적절한 온도로 되었을 때 서비스를 한다. 적당한 와인의 온도는 7~12℃이고, 온도가 지나치게 낮으면 와인의 향기를 감소시킨다.

① 와인 바스켓에 얼음과 물을 3/4 정도 채워 오른쪽의 테이블 위나 와인 스탠드

를 이용하여 놓는다.

② 고객의 오른쪽에서 고객에게 상표를 확인시킨다.

③ 와인을 와인 바스켓에 넣어 와인을 오픈 한다.

④ 레드 와인과 동일한 방법으로 서브한다.

⑤ 와인을 서브할 때에는 병에 내프킨을 감싸 잡는데, 이것은 와인의 온도를 유지시키고 와인의 온도변화를 방지하기 위한 것이다.

(3) 샴페인 서비스

샴페인은 화이트 와인보다 충분히 칠링(chilling)시킨 후에 제공하도록 해야 한다. 왜냐하면 화이트 와인보다 병이 두껍고 가스가 쉽게 발생하기 때문이다. 또한 샴페인은 코르크를 제거할 때에는 소리가 나지 않도록 조심스럽게 다루어야 한다.

① 샴페인 바스켓에 얼음과 물을 3/4 정도 채워 고객의 오른쪽으로 둔다.

② 샴페인을 흔들지 않도록 주의하여 고객에게 상표를 확인시킨다.

③ 병목을 둘러싼 호일을 벗겨낸다.

④ 왼손의 엄지손가락으로 철사망의 코르크 위를 누르고, 오른손으로 철사고리를 푼다.

⑤ 병을 45°가량 기울이고 왼손의 엄지와 둘째손가락을 사용하여 서서히 위로 올리며, 오른손으로는 병을 좌우로 약간씩 돌린다.

⑥ 코르크 마개가 튀어 나가지 않도록 하며, 특히 '펑' 소리가 나지 않도록 주의한다.

⑦ 코르크가 제거되면 병입을 닦고 고객(host)에게 테스팅을 한다.

⑧ 샴페인 병을 잡을 때는 내프킨을 사용해도 되고, 하지 않아도 되는데, 상표가 고객에게 보이도록 한다.

⑨ 서브는 글라스에 먼저 1/3 정도 따라 거품을 가라앉히고 재차 따른다.

(4) 와인 테스팅 방법

고객이 와인을 주문하고 난 뒤 와인을 오픈 하면, 소믈리에(sommelier)나 고객이 와인의 질이나 보관상태를 평가하기 위해 와인글라스에 loz정도 부어서 와인을 시음하는데, 이것은 시각·후각·미각 등 입체적 느낌으로 테스팅 한다. 색·향·맛은 와인의 테스팅(tasting)의 기본적인 세 가지 요소이며, 이외에 덧붙일 수 있는 요소로는 뒷맛(finish)과 균형(balance)이다.

① 색(sight/color): 와인글라스를 눈높이까지 들어 올려 색을 확인한다. 일반적으로 화이트 와인은 담황색의 엷은 금빛, 레드와인은 루비나 석류빛 일수록 좋다.

② 향(smell/bouquet): 와인의 색을 보고 난 뒤 와인글라스를 흔들어 냄새를 맡는다. 은은하고 향기로운 냄새가 나는 와인일수록 양질이다.

③ 맛(taste/flavour): 와인을 천천히 공기와 같이 들여 마셔 입안의 모든 부분으로 술의 맛을 음미하며 즐기도록 한다. 양질의 와인일수록 와인을 삼키고 난 뒤에도 얼마동안 입안에 뒷맛이 남는다.

(5) 와인과 요리

와인과 요리와의 조화는 수세기를 통한 경험과 실험을 바탕으로 오늘날에도 수많은 요리에 따라 적합한 와인을 곁들이고 있다.

이 규칙은 흰색의 육류(치킨, 생선, 어패류, 송아지 고기 등)에는 화이트 와인, 붉은 색의 육류(소, 돼지, 오리, 가금류 등)에는 레드 와인이 어울리며, 로즈 와인은 양쪽과 다 어울린다.

전채요리 또는 야채·계란이 들어간 요리에는 아주 가벼운 화이트 와인 또는 드라이 로즈 와인이 어울리며, 치즈에는 포트 와인이나 레드 와인이 어울리고, 디저트나 신맛이 나지 않는 신선한 과일에는 샴페인이나 화이트 와인이 어울린다. 만약 와인을 넣어 만든 요리를 제공할 때에는 요리에 사용한 와인을 제공하는 것이 일반적이다.

요리에 따르는 와인에 대해서 엄격한 규칙은 없지만, 다음과 같은 결합은 피하는 것이 좋다.

첫째, 식초(vinegar)가 들어간 요리에는 와인을 피해야 한다. 식초가 들어간 드레싱(dressing)을 사용한 샐러드는 와인을 먹으면 입에서 불쾌한 맛을 느끼게 되는데, 이것은 와인이 식초를 만나면 화학적인 변화를 일으키기 때문이다.

둘째, 매우 자극적인 요리에도 와인은 피해야 한다. 커리(curry) 같은 요리는 매우 자극적이기 때문에 와인의 섬세한 맛을 느끼지 못하게 하기 때문이다.

셋째, 초콜릿이나 초콜릿이 가미된 디저트에는 와인을 곁들이지 않는데, 초콜릿은 달기 때문에 어떠한 와인이라도 본래의 맛과 향기를 느끼게 하지 못하기 때문이다.

넷째, 기름기나 산이 많은 요리에도 와인을 곁들이지 않는다. 고등어와 같은 기름기가 많은 요리나 레몬과 같이 산이 많은 음식에는 일반적으로 와인의 맛을 제대로 느낄 수 없기 때문에 와인을 피하는 것이 일반적이다.

한 테이블에서 여러 명의 고객이 여러 가지 요리를 주문할 경우에는 다 같이 마실 수 있는 로즈 와인을 제공하는 것이 무난하나, 각기 다른 와인을 요구할 경우에는 각 요리와 어울리는 와인을 제공한다.

3. 칵테일 서비스

1) 칵테일의 의미

칵테일이란 두 종류 이상의 알코올성 음료를 혼합하거나 알코올성 음료에 비알코올성 음료를 혼합하여 마시는 음료를 총칭하는 것으로, 믹스드 드링크(mixed drink)라고도 한다. 그러나 좁은 의미에서의 칵테일은 두 종류 이상의 알코올성 음료를 혼합하여 셰이커(shaker)나 믹싱 글라스(mixing glass)를 사용하여 만든 혼합주로 숏 드링크(short drink)만을 지칭하기도 한다.

따라서 칵테일이란 넓은 의미로서는 롱 드링크(long drink)와 숏 드링크(short drink)를 지칭하지만, 좁은 의미로서는 비교적 용량이 적고 단시간 내에 마시는 숏 드링크만을 의미한다.

칵테일은 맛·향과 색채의 예술품이라고 할 정도로 사람의 기호에 따라 그 맛과 향을 달리 즐길 수 있고, 여러 가지 재료와 기술로 독특한 칵테일을 만들어 세계 각 국의 풍미를 느끼게 하기 때문에 '칵테일은 아름다운 교향악과 같다'라고 극찬하는 애주가도 있다.

2) 칵테일의 종류

(1) 시간·장소에 따른 분류

식사시간이나 연회석상에서 칵테일을 분류하는 방식으로 보통 식사시간을 전후하여 마시는 칵테일을 식전 칵테일(appetizer cocktail), 식후 칵테일(after dinner cocktail), 식중 칵테일(supper cocktail)로 구분하며, 잠자리에 들기 전에 마시는 칵테일(night cap cocktail), 축하연 등 연회석상에서 제공되는 칵테일(champagne cocktail) 등으로 분류하기도 한다.

(2) 기주에 의한 분류

칵테일을 만들 때 가장 기본이 되는 술을 기주(base)라고 하는데, 주로 증류주와 혼성주 등의 스프리트(spirit)를 말한다. 증류주인 위스키·브랜디·진·럼·보드카를 5대 기주라고 하며, 그 외의 리큐르·와인 등도 기주로 사용된다. 기주로 사용하는 술의 이름을 붙여 위스키 베이스 칵테일, 브랜디 베이스 칵테일 등으로 구분한다.

3) 조주용 기구와 부재료

(1) 조주용 기구

① 셰이커(shaker)

셰이커는 혼성음료를 섞을 때 사용하는 기구인데, 조주하고자 하는 칵테일 재료를 안에 넣고 뚜껑을 닫아 양손으로 잡고 흔들어 재료를 잘 섞이게 하는 동시에 내용물을 차게 하여 주는 것이다. 셰이커는 캡(cap), 바디(body), 스트레이너(strainer)의 세 부분으로 되어 있으나, 외국에는 보스턴 타입 셰이커라 하여 스트레이너가 없는 것도 있다.

② 믹싱 글라스(mixing glass)

믹싱글라스는 바 글라스(bar glass)라고도 하는데, 셰이커와 같이 술을 섞을 때 사용하는 것으로서, 셰이커를 사용하지 않아도 잘 혼합될 수 있는 재료일 때 사용하는 기구이다. 보통 따르는 홈이 달린 유리로 만든 제품이 많다.

③ 바스푼(bar spoon)

바스푼은 일명 롱 스푼이라고 하는데, 믹싱 글라스를 이용하여 재료를 섞을 때 사용하는 기구로서 길이가 보통 27㎝ 정도로 휘젓기 좋도록 중간 부위에 나선형으로 되어 있으며, 양쪽에 각각 스푼과 포크로 되어 있다.

④ 스트레이너(strainer)

스트레이너는 믹싱 글라스에서 조주한 칵테일을 글라스에 따를 때 얼음조각이나 건더기가 들어가지 않도록 하기 위해 만든 기구이다.

⑤ 스퀴즈(squeezer)

스퀴즈는 레몬이나 오렌지 등 과일의 즙을 짤 때 사용하는 기구로서, 중간부분에 굴곡이 나선형으로 볼록하게 만들어 과일의 즙을 잘 짜게 되어 있다.

⑥ 메이저 컵(measure cup)

메이저 컵을 보통 지거(jigger)로 불리는데, 바에서 취급하는 음료의 분량을 측정하기 위한 기구로서 크고 작은 삼각형 컵 2개로 되어 있다. 보통 큰 컵이 1.5oz나 2.0oz이고, 작은 컵은 1oz로 되어 있다.

⑦ 아이스 픽(ice pick)

아이스 픽은 얼음의 크기를 필요한 크기로 깨뜨리는 기구로서 송곳과 유사한 것이다. 얼음은 칵테일을 만드는 데 없어서는 안 되는 것이므로 아이스픽은 중요한 기구로 되어 있다.

⑧ 아이스 페일(ice pail)

아이스 페일은 얼음을 넣기 위한 용기로서 금속제와 유리제가 있는데, 분위기에 맞게 선택하여야 한다.

⑨ 아이스 텅(ice tong)

아이스텅은 얼음집게를 말하는데, 끝 부분이 톱니부분으로 되어 있어 얼음을 집기에 용이하다.

⑩ 오프너(opener)

오프너는 병을 따는 기구로서 캔 오프너(can opener), 병 오프너(bottle opener), 와인을 딸 때 사용하는 코르크 스크류(cork screw)가 있다.

⑪ 풀러(pourer)

풀러는 술병 입구에 끼워 술을 따를 때 일정하게 나올 수 있도록 만든 기구이다.

⑫ 스토퍼(stopper)

스토퍼는 쓰고 남은 음료를 보관하기 위해 완전히 밀패 시키는 병마개이다.

⑬ 칵테일 픽과 머들러(cocktail pick & mudder)

칵테일 픽은 칵테일에 쓰이는 각종 부재료를 꽂거나 장식하기 위해 사용하는 꼬지 이며, 머들러는 롱 드링크를 휘저어 마시게 하기 위한 얇고 작은 막대이다.

⑭ 글라스 홀더(glass holder)

글라스 홀더는 뜨거운 음료수를 제공할 때 글라스에 끼워서 사용하는 것으로서 텀블러 글라스(tumbler glass)에 사용하는 데 용이하도록 만든 용기이다.

⑮ 코스터(coaster)

코스터는 글라스가 미끄러지지 않게 하거나 장식을 위해 사용하는 글라스 받침대인데, 습기를 잘 빨아들이는 것이 좋다.

⑯ 스트로우(straw)

스트로우는 분쇄된 얼음이 들어가 있는 음료를 마시기 쉽게 하기 위한 빨대이다.

이외에도 칵테일 장식을 위해 각종 재료를 썰거나 다듬기 위해 도마나 칼이 필요하며, 또한 화이트 와인이나 샴페인 등을 제공하기 위한 샴페인 쿨러(champagne cooler)등이 있다.

(2) 칵테일 부재료

칵테일을 만들 때 필요한 재료를 기주와 부재료로 구분할 수 있는데, 기주를 제외하고 칵테일의 풍미를 더욱 높여 주고, 주정의 농도를 낮추거나 강장제나 피로회복과 활력의 요소로도 사용되는 것을 총칭하여 부재료라고 한다. 여기에는 탄산음료 · 과즙류 · 시럽류 · 과실류 · 스파이스류 등이 있다.

① **탄산음료**: 콜라, 소다수, 진저엘, 토닉워터, 사이다

② **과즙류**: 레몬주스, 라임주스, 오렌지 주스, 토마토 주스

③ **시럽류**: 플레인 시럽, 검 시럽, 그레나딘 시럽, 라즈베리 시럽, 메이플 시럽

④ 과실류: 올리브, 체리
⑤ 스파이스류: 시나몬, 너트 멕, 클로브

4) 조주방법

칵테일을 만드는 방법에는 블렌딩(blending), 스터링(stirring), 셰이킹(shaking) 등 세 가지의 기본적인 방법이 있다. 이외의 방법으로는 플로팅(floating), 빌딩(buildling) 등이 있다. 그리고 칵테일을 조주 하는 방법들은 그 특성에 따라 각각 달라지는데 그 방법을 살펴보면 다음과 같다.

(1) 블렌딩(blending)

계란·크림 등 잘 섞이지 않고 드링크의 특성상 거품을 많이 필요로 하는 펀치(punch)류와 같은 드링크를 만들 때 사용하는 방법이다. 브렌딩을 할 때 주의할 점은 소다수와 같은 발포성 음료는 같이 넣어 브렌딩을 하지말고 브렌딩이 끝난 후에 첨가하여야 한다.

(2) 스터링(stirring)

비중이 가볍고 잘 섞이는 두 가지 이상의 음료를 믹싱 글라스에 넣어 바 스푼이나 머들러를 사용하여 잘 저어 서비스하는 방법이다. 스터링에 사용되는 얼음은 네모진 얼음이나 깨진 얼음 어느 것도 무방하나 칵테일을 차게만 하고 묽게 되지 않도록 하여야 한다.

(3) 셰이킹(shaking)

핸드 셰이킹은 조주기법 중에서 꽃이라고 할 수 있으며, 쇼맨 쉽이 필요한 기법이다. 셰이커에 잘 섞이지 않는 재료, 즉 리큐르·주스류·설탕·시럽·크림·계란 등을 넣고 흔들어 재료를 잘 섞이게 하는 동시에 내용물을 차게 만드는 방법이다. 셰이커에 재료를 붓는 순서는 맨 처음 얼음을 넣고, 다음에 주스나 계란 ·크림을 넣고, 맨 나중에 술을 붓는다.

(4) 플로팅(floating)

플로팅은 술 또는 재료의 비중을 이용하여 내용물을 띄우거나 차례로 쌓는 방법이다.

(5) 빌딩(building)

빌딩은 쉐이크나 믹싱글라스를 사용하지 않고 서비스 글라스에 직접 얼음과 재료 를 넣어서 바 스푼으로 휘저어 만드는 방법이다.

5) 조주의 용어와 도량위

(1) 조주의 용어

① 베이스(base)

칵테일을 조주할 때에 여러 가지 술이나 음료가 다양한 분량으로 혼합된다. 이 중 기본이 되는 술을 보통 베이스라고 한다. 일반적으로 칵테일의 베이스로서 많이 사용되는 주류는 진·위스키·럼·브랜디·보드카 등이 있다.

② 체이셔

체이셔(chaser)란 주정이 강한 술을 직접 스트레이트로 마실 때 함께 곁들어 마시는 청량음료를 말한다.

③ 싱글(single)

일반적으로 싱글이라고 하면 1온스(oz)인 30㎖의 양을 말하는데, 1온스, 1포니(pony) 혹은 1샷(shot)이라고도 한다.

④ 대쉬(dash)

대쉬란 비터병으로부터 나오는 양의 표시로써, 비터병(bitter bottle)의 캡에는 구멍(tub)이 있는데, 이 구멍에서 나오는 양을 말한다. 비터병을 가볍게 한 번 흔들면 나오는 양인 1/6 티스푼(tea spoon)정도를 말한다.

⑤ 드롭(drop)

드롭이란 1방울이라는 뜻으로 5~6드롭이 1대쉬 정도가 된다. 그러므로 드롭과 대쉬는 분명히 하여 그 양을 알고 칵테일을 조주하여야 한다.

⑥ 핑거(finger)

핑거란 술의 분량을 측정하는 단위이며, 일반적으로 텀블러 글라스에 놓고 손가락을 제일 아래 부분에 가로 잡고 그 손가락 폭만큼의 술을 따른 양을 1핑거라 하며, 30㎖ 정도의 양을 말한다.

⑦ 플로트(flot)

플로트란 '띄운다'는 뜻이며, 술의 비중을 이용하여 술과 술이 섞이지 않고 그대로 술의 비중대로 쌓이게 하는 것이다. 또는 칵테일에 크림 같은 것을 띄워 제공할 때도 사용되는 용어이다.

⑧ 프로스트(frost)

프로스트란 글라스의 립부분의 가장자리에 레몬 또는 라임즙을 적신 다음, 설탕가루를 묻히는 경우(snow style)를 말한다.

⑨ 하프 앤 하프(half and half)

하프 앤 하프란 서로 다른 두 가지 종류의 술을 서비스 글라스에 반반씩 제공하는 경우를 말한다.

⑩ 슬라이스(slice)

레몬이나 오렌지 등을 얇게 자르는 것으로, 통째로 얇게 자르는 것을 풀슬라이스라고 하며, 절반으로 쪼갠 다음 다시 얇게 자르는 것을 하프슬라이스라고 한다. 풀슬라이스는 스템이 없는 글라스에 사용하고, 하프 슬라이스는 스템이 있는 글라스에 알맞다.

⑪ 피 일(peel)

피일이란 과실의 껍질을 말하기도 하며, 또한 레몬이나 오렌지의 껍질을 길게 벗겨 껍질에 내포되어 있는 정유를 짜내 칵테일의 향기를 내게 만드는 것을 지칭하기도 한다.

⑫ 레시피(recipe)

레시피란 처방이나 제조법을 말하며, 칵테일에 있어 재료배합의 기준량과 만드는 순서를 레시피라 한다.

(2) 조주의 도량위

칵테일을 만들 때에는 정확한 재료를 사용해야 할 뿐만 아니라, 정확한 양을 사용하여야 한다. 그러나 숙련된 바텐더 중에는 지거나 믹싱 글라스를 사용하지 않고 눈대중으로 계량하여 사용하는 경우가 많은데, 반드시 레시피에 따라 정확하게 조주하는 것이 좋다. 따라서 칵테일을 만들기 전에 지거나 글라스의 용량 등을 정확히 파악하고 있어야 한다.

국제 바텐더협회의 표준 글라스 용량을 살펴보면, 칵테일 글라스는 3온스, 브랜디 글라스는 8온스, 텀블러 글라스는 10온스, 올드패션드 글라스는 9온스 등이다.

〈표 12-2〉 도량위의 계량단위 구분표시

구분	ounce	jigger	ml	bar spoon	tsp	dash	drop
1 ounce	1	0.75	30	12	8	–	–
1 jigger	1 1/2	1	45	–	–	–	–
1 dash	–	–	–	–	1/6	1	5~6
1 tsp	1/8	–	–	–	1	6	–

제4절 식음료부서의 고객접점 서비스

서비스 기업에 있어서 접객종사원과 고객과의 접촉이 짧게는 몇 초, 길게는 몇 분동안 이루어지며, 이 짧은 순간에 고객의 만족과 불만족이 결정되는데, 이 짧은 순간의 접촉을 고객접점, 즉 진실의 순간(MOT: Moment of Truth)이라고 한다.

오늘날 레스토랑의 물리적 시설들이 평준화 되어 기고 있는 현실을 감인힐 때, 종사원의 서비스가 경쟁력의 원천이 될 수 있다. 다시 말하면 고객과의 접점에 있는 종사원의 불친절은 호텔 전체에 나쁜 이미지를 주게 될 것이며, 반면 친절한 서비스는 호텔에 대한 긍정적인 이미지를 가져와 호텔의 경쟁력을 향상시킬 것이다. 따라서 종사원은 항상 고객지향적인 마인드를 가지고, 고객에게 감동을 줄 수 있는 자세를 견지하고 있어야 한다. 그런데 접객직 종사원들이 주의해야 할 점은 여러 명의 종사원들이 최선을 다하여 고객에게 만족한 서비스를 제공하였다 하더라도 한사람의 실수가 있었다면 고객은 불만을 가지고 돌아간다는 사실이다. 그래서 호텔이나 레스토랑과 같은 서비스 기업은 종사원들의 팀워크(Team Work)가 무엇보다도 중요하다. 레스토랑에서의 고객접점 서비스 흐름은 다음과 같다.

예약서비스 → 고객환영 → 고객짐 보관 → 예약확인 → 테이블안내 →
의자서비스 → 식전주 주문 → 와인과 음식메뉴 서비스 → 물 서비스 →
음식추천 → 메뉴설명&주문받기 → 테이블 세팅 → 버터 및 빵 서비스 →
백포도주 서비스 → 전채 서비스 → 스프 서비스 → 생선요리 서비스 → 샤벳 서비스
→ 적포도주 서비스 → 주요리 서비스 → 테이블 청소 → 후식메뉴 추천과 주문 →
후싯 기물 세팅 → 후식 서비스 → 음료주문 및 서비스 → 계산서 작성 → 환송

[그림 12-4] **고객접점 서비스과정**

용어해설

After taste: 술이나 음료를 마신뒤 입안에 남아있는 맛과 향의 뒷맛을 말한다.

Age: 와인의 숙성 정도를 나타내며, 위스키나 브랜디 등의 원액 주정을 일정기간 동안 오크 통 속에 저장하면서 숙성시키는 것을 말한다(Ageing).

Aperitif: 식욕을 촉진시킬 수 있는 식전주를 말한다.

Aroma: 코 끝으로 느끼는 향기로 질이 높은 고급포도주에서 느낄 수 있고 고상한 풍미를 말한다.

Chaser: 독한 술을 내 놓을 때 따라 나오는 물 또는 소프트 드링크를 의미한다.

Center Pieces: 식탁을 돋보이게 하기 위해서 테이블 중앙에 장식되는 꽃병과 촛대 등을 말한다.

Dinging Room: 식당을 운영하는 시간이 제한되어 있어 대개의 경우 중식과 석식만을 제공하면서 주로 정찬을 판매하는 수준 높은 호텔 레스토랑이다.

EATS상품: Entertainment(인적서비스, 환대), Atmosphere(물적서비스, 분위기), Treatment(접대서비스), Sanitation(위생, 청결)

Finger Bowl: 손으로 먹는 음식이 나오는 경우를 대비하여 손가락을 씻을 물을 담는 작고 예쁜 그릇이다.

Game: 사냥하여 잡은 짐승이나 혹은 그 고기를 말한다.

Garnish: 주방에서 만들어진 음식물에 모양이 아름답고 훌륭하게 먹을 수 있는 식재료로 장식하는 것을 말한다.

Hor D'Oeuvre: 프랑스에서 오르되브르라고 하며, 정찬코스의 식사순서에서 제일 먼저 제공되는 전채요리로 식욕을 돋구어 주는 소품요리를 말한다.

House Wine: 호텔영업 신장을 위한 기획 와인이며, 대체적으로 저렴한 가격과 글라스 단위로 판매할 수 있는 와인을 말한다.
Lager: 저온 살균 처리한 맥주로 병맥주를 의미한다.
Liqueur: 향료, 설탕 등을 가미한 혼성주로 주로 식후에 마신다.
Liquor: 알코올성 음료를 통칭한다.
Inventory: 월말에 식음료나 다른 물품의 재고량 조사를 말한다.
Kebob: 꼬치에서 구운 작은 육각형의 고기조각이다.
Main Dish: 풀 코스 식사단계 중 가장 중심이 되는 코스로 일명 앙뜨레라고 부른다.
Maiter D'Hotel: 프렌치 레스토랑에서 그 레스토랑의 캡틴을 의미하거나 혹은 그 레스토랑의 지배인을 뜻한다.
Misen-en-Place: 완벽한 서비스를 연출할 수 있도록 레스토랑의 영업장 사전 준비를 뜻한다.
Pannier: 와인용 바구니를 뜻한다.
Pantry: 레스토랑 영업을 위한 집기 준비실, 식기 세척하는 곳을 말한다.
Show Plate: 격식 있는 테이블 분위기 연출을 위해서 호텔 로-그를 삽입하여 세팅하는 실버 웨어로 서비스 전에는 냅킨을 올려 놓는다.
Tiffin: 간편한 샌드위치로 아침식사 겸 점심식사를 하는 것을 말한다.
Under Cloth: 식탁에 식기나 기물을 놓을 때 소리가 나지 않도록 테이블 크로스 밑에 까는 것으로서 Silence Cloth라고도 한다.
Wine Cradle: 식사시 와인을 서비스할 때, 와인을 뉘어 놓은 손잡이가 달린 바구니 혹은 와인 바스켓을 말한다.

참고문헌

박성부·이정실, 호텔식음료관리론, 기문사, 1997.
박성부·최재준, 주장관리실무, 대왕사, 2007.
서상길, 식음료서비스 운영실무, 기문사, 2006.
안치호 외 3인, 칵테일, 백산출판사, 2004.
원유석 외 3인, 호텔식음료서비스실무론, 백산출판사, 2005.
임병설 외 2인, 호텔운영실무, 백산출판사, 2007.
최영준 외 2인, 식음료경영론, 대왕사, 2004.
롯데호텔 서비스 매뉴얼.
신라호텔 서비스 매뉴얼.
워커힐호텔 서비스 매뉴얼.
현대호텔 서비스 매뉴얼.

CHAPTER 13 호텔 연회서비스 업무

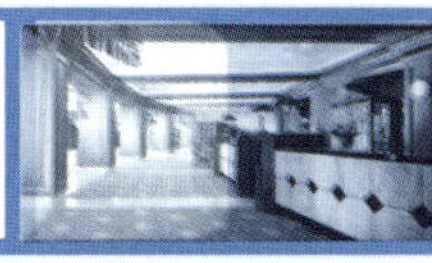

제1절 호텔 연회의 개요

1. 호텔 연회의 의의

연회서비스는 고객의 요청에 의해 준비된 장소에서 필요한 인원과 식음료 서비스를 제공하여, 행사 본연의 목적을 달성할 수 있도록 해주고 그 대가를 받는 행위라고 볼 수 있다. 즉 연회서비스는 식당서비스와는 달리 제공될 메뉴, 인원수, 가격 등이 미리 정해지고, 개최될 행사에 식음료뿐만 아니라 필요한 장비비품 제공은 물론 연출까지 담당함으로써 성공적인 행사가 이루어질 수 있도록 하는 것이다.

현대 호텔경영에서는 연회시장이 빠른 속도로 성장하고 있어, 호텔수입의 극대화 및 비수기를 대처할 수 있는 부문으로, 그 비중이 커져 가고 있다. 과거에는 식음료부서에 소속되어 있었으나, 호텔 연회 수요가 증가됨에 따라 연회부서가 독립되어 그 기능을 맡고 있으며, 객실이나 다른 업장에로의 파급효과도 크게 나타나고 있다.

2. 호텔 연회서비스의 특징

오늘날 연회는 사회가 복잡해지고 경제가 발전함에 따라 대형화되고 다양하게 이루어지고 있다. 이에 따라 호텔 연회행사도 점차 다양하고 방대하게 이루어지고 있으며, 그에 따른 대형 연회장을 갖추고 연회를 전담하는 부서를 조직화하여 연회 유치에 심혈을 기울이고 있다. 특히 우리나라 국력의 신장과 국제사회에서의 위상이 높아짐에 따라 각종 국제행사, 세미나, 전시회, 개인이나 단체의 모임 등 다양한 연회행사가 개최됨으로써 연회업무도 국제적인 수준에 알맞은 시설과 서비스요원을 확보하지 않으면 안된다.

이러한 연회행사는 일시에 많은 고객이 호텔을 이용하기 때문에 객실은 물론 다른 식음료영업장에까지 미치는 영향이 크다. 연회행사는 사전에 예약을 받고 행사가 개최되므로 정확한 판매와 이윤을 예측할 수 있으며, 짧은 시간에 많은 매출을 올릴 수 있다. 그리고 연회행사가 연회장에서 이루어지는 단일행사처럼 느끼질 수 있으나, 호텔의 모든 부서의 협조 없이는 성공하기 어려운 특징이 있다. 따라서 다른 부서와 긴밀한 협조가 호텔 연회행사의 중요한 포인트라고 할 수 있다.

제2절 호텔 연회행사의 종류

1. 정찬파티(Table Service Party)

격식있는 연회로서 정장과 시간을 지켜야 하는 것을 원칙으로 하는 파티다. 자리표(place card)와 메뉴카드도 함께 제공되는 것이 일반적이다.

2. 칵테일파티(Cocktail Reception)

입석을 위주로 하는 연회로서, 좌석이 없으므로 자유로이 이동하며 서로 모르는 사람들과 담소도 나눌 수 있고, 사귀는 기회도 많은 것이 특징이다.

3. 뷔페파티(Standing Buffet, Sit Down Buffet)

뷔페 연회는 다양한 음식을 차려 놓고 고객의 기호에 맞는 음식을 먹을 수 있는 셀프형식의 파티로서, 입석뷔페와 착석뷔페의 형식으로 나눌 수 있다.

4. 티파티(Tea Party)

주로 비알코올성의 찬 음료와 더운 음료에 간단한 다과류·과일·샌드위치 등을 제공하는 간단한 파티로서 일반적으로 오후 2-5시 사이에 개최된다.

5. 출장연회(Out Side Catering)

호텔이 아닌 다른 장소에서 개최되는 연회로서 정원이나 공공시설 등 주문자가 요구하는 장소에서 개최되는 파티이다.

6. 임대연회

1) 전시회(exhibition, trade show)
2) 회의: 세미나(seminar), 워크숍(workshop), 컨퍼런스(conference), 포럼(forum), 심포지엄(symposium), 강연(lecture), 패널(panel), 콩그레스(congress), 컨벤션(convention)

제3절 연회부문의 조직과 업무절차

1. 연회부문의 조직

최근 호텔의 연회부문은 호텔에 대한 기여도가 큰 만큼 식음료부서와는 별도로 독립된 조직체계를 갖추고 있는 호텔이 늘어나는 추세이다. 호텔 연회부문조직은 크게 연회상품을 판매하는 부서와 연회장에서 직접 서비스하고 진행하는 부서 그리고 판매와 서비스의 원활한 커뮤니케이션과 조정 역할를 하는 연회예약부문으로 대별된다.

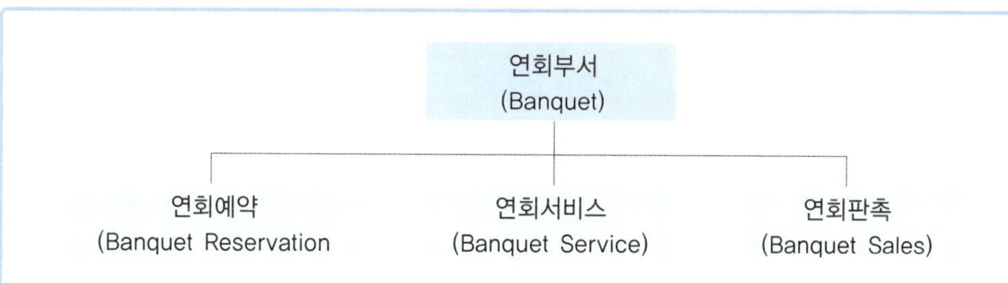

[그림 13-1] 연회부서 조직

2. 연회업무의 절차

연회행사를 위한 처음 단계는 연회예약을 담당하는 부서의 예약직원이 연회상품과 기타 고객의 요청사항을 근거로 견적을 내고 계약을 하게 되며 연회예약시 접수된 고객의 모든 행사 정보를 행사지시서에 표기하여 연회서비스부서를 비롯하여 관련부서에 송부하게 된다. 연회서비스 부서에서는 행사지시서에 의거, 행사를 준비하게 되고, 행사 당일 최종적으로 예약한 연회행사를 실행하게 된다.

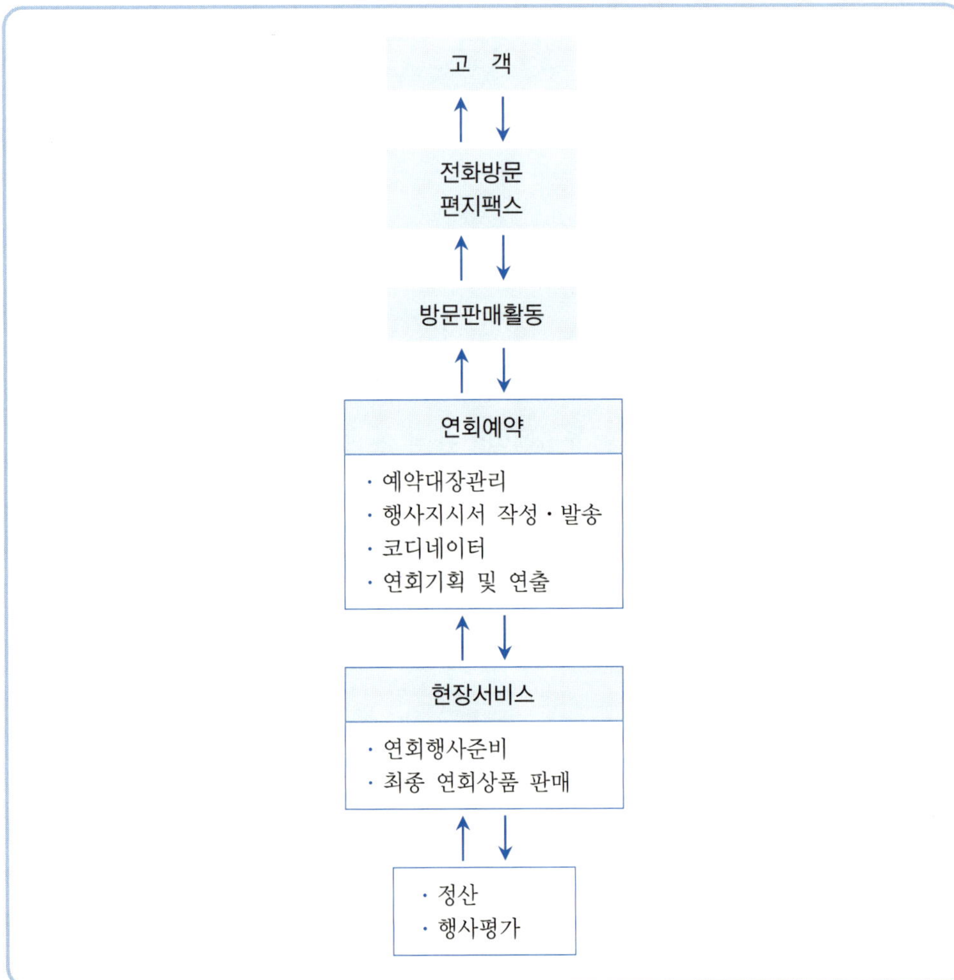

[그림 13-2] 연회업무의 수행과정

용어해설

Ballroom: 호텔에서는 연회장 또는 국제회의장을 말한다.

Banquet: 호텔상품이나 또는 식음료를 판매하기 위한 제반시설이 갖추어진 공간시설로서, 즉 단체고객에게 식음료, 행사진행, 공간렌탈 등 기타 부수적인 지원을 하여주고, 그에 따른 대가를 수수하는 것으로서 연회라 한다.

BGM: background music 으로 배경음악을 말한다.

Catering: 식음료의 출장연회 서비스로써, 야외행사, 파티 등을 치르기 위해여 사전계약에 의한 요리를 준비하여 제공하고, 그때 식료, 테이블, 의자, 기물 등을 고객이 원하는 특정장소에 출장 서비스를 하는 것을 말한다.

Conference Room: 대규모 또는 소규모의 회장장소를 가르킨다.

Corkage Charge: 각종 연회행사시 그 호텔의 음료를 이용하지 않고 고객이 가져 온 음료를 마실 때 받는 봉사료를 의미한다.

Corsage: 호텔 각종 연회 행사나 결혼식, 회갑, 생일 등에 주빈 앞가슴에 다는 꽃을 말한다.

Cover Charge: 레스토랑이나 연회행사시 자릿 값 또는 식음료 값 외에 별도로 테이블 서비스에 대한 봉사료를 말한다.

Function Room: 다목적 기능을 가지고 있는 연회장을 말한다.

Guaranteed Person: 인원의 감소에 관계없이 지불을 보증하는 인원수를 의미한다.

Inc. price: inclusive(or included) price로 봉사료와 세금이 포함된 가격을 말한다.

Par Stock: 적정재고를 말한다.

Stacking chair: 호텔연회장의 행사시 활용되며 포개서 보관할 수 있도록 만든 의자이다.

Table Skirt: 연회행사시 테이블에 둘러치는 식탁용 스커트로, 색깔이 아름다운 주름치마를 많이 사용한다.

참고문헌

김기영 · 추상용, 연회기획서비스 실무론, 현학사, 2006.
권용주 외 2인, 연회기획실무, 백산출판사, 2006.
송래헌 · 김흥환, 컨벤션 경영과 기획, 대왕사, 2003.
이정학, 호텔연회관리론, 기문사, 2006.
최동렬, 호텔 · 외식산업 연회실무, 한올출판사, 1998.
서울힐튼호텔, 식음료 서비스매뉴얼.
타워호텔, Banquet Service Manual.

CHAPTER 14

호텔레저사업

제1절 호텔레저사업의 개요

1. 호텔레저사업의 의의

호텔레저사업은 호텔의 영업다각화는 물론이고, 호텔 멤버십 제도의 활용으로 단골고개의 확보뿐만 아니라 객실, 식음료, 연회영업 등에 긍정적 영향을 미치게 되어 호텔의 안정된 수입확보에 없어서는 안 될 시장으로 인식되고 있다. 또한 호텔이 지역사회의 커뮤니케이션센터로서의 기능이 강화되고, 국민의 생활수준이 향상되고 건강에 관심이 커져감에 따라 호텔레저시설 영업이 또 다른 소득원으로 부각되고 있다.

오늘날 호텔의 레저사업은 호텔의 위치, 규모, 영업의 형태, 경영방침, 이용하는 주고객층에 따라 레저시설의 종류와 규모의 차이를 가지고 있으나, 일반적으로 호텔이 보유한 시설은 헬스, 사우나, 수영장 멤버십클럽 등이 일반적이다.

2. 호텔레저사업의 기능

1) 단골고객의 확보

대부분의 호텔들이 피트니스 센터를 회원제로 운영하고 회원들에게 각종 혜택을 부여함으로써 호텔의 이용동기를 높이고 있다.

2) 타 업장의 매출에 기여

대부분의 회원들이 매일 피트니스센터를 이용하기 때문에 이들이 운동을 마친 후 또는 운동 전에 호텔 식음료 업장을 이용하고 또한 비즈니스 업무를 보기 때문에 호텔 각 영업장의 매출증대에 기여를 한다.

3) 호텔의 홍보 효과

호텔의 회원권은 일반적으로 상류층의 사람들이 주로 이용하기 때문에, 이들의 사회적 지위로 볼 때 오피니언 리더(opinion leder)로서의 역할을 한다.

4) 지속적인 고정 매출의 확보

대부분의 호텔 피트니스센터는 회원제로 운영되며, 매년 연회비를 납부함으로써 회원권이 유지되기 때문에 일정한 매출액을 매년 확보할 수 있다.

5) 커뮤니케이션 기능

사교 및 오락의 기능으로서 회원 상호간의 친밀과 유대관계를 유지시키는 매개체의 역할을 한다.

6) 레저, 레크리에이션의 기능

소득수준의 향상과 레저시간의 증대에 부응하여 스포츠를 통한 건전한 레저, 레크리에이션의 활동을 유도한다.

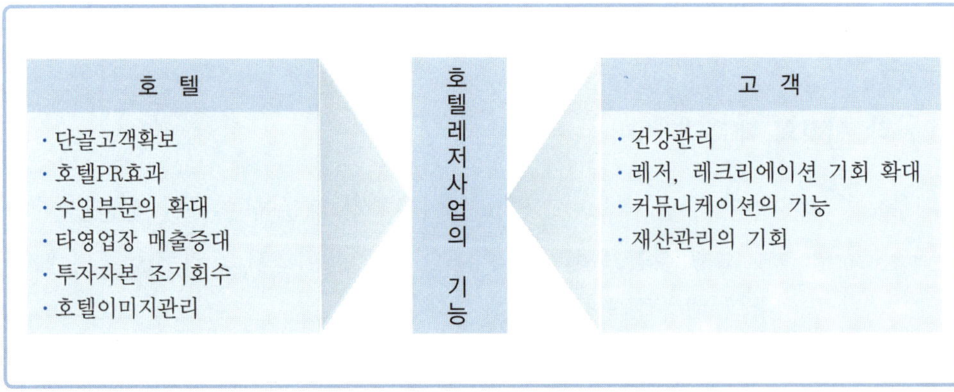

[그림 14-1] 호텔레저사업의 기능

3. 호텔레저사업의 시설내용

오늘날 호텔의 레저시설은 크게 옥내(Indoor)시설과 옥외(Outdoor)시설로 분류할 수 있다. 옥내시설로서는 체력단련장, 사우나, 옥내수영장, 에어로빅장, 옥내골프연습장, 라켓볼, 스쿼시, 볼링, 당구, 탁구, 포켓볼 등을 들 수 있다. 이는 호텔내의 소규모 공간에서도 얼마든지 즐길 수 있기 때문에 주로 도심지 호텔에서 설치 운영하고 있으며, 우리나라 대부분의 호텔 레저시설들이 옥내시설의 범주에 속한다고 할 수 있다.

옥외시설로는 레저 활동에 있어서 넓은 공간을 필요로 하는 골프장 및 골프연습장, 테니스장, 옥외수영장, 조깅 및 산책로, 게이트볼장, 마리나시설 등 자연과 더불어 즐길 수 있는 시설들을 들 수 있다. 그러나 이러한 시설들은 대규모의 공간을 필요로 하기 때문에 다운타운 호텔에서는 공간확보 및 지가부담 등으로 시설의 설치가 불가능하며 대부분 리조트 호텔에서나 가능한 시설이라고 할 수 있다.

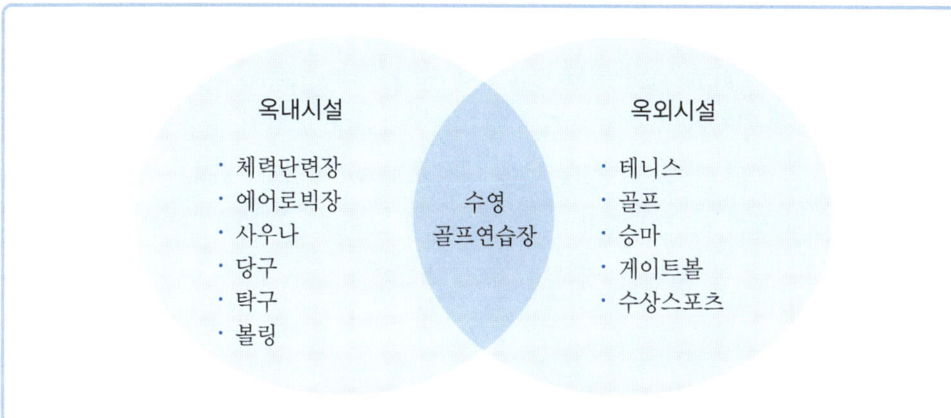

[그림 14-2] 호텔레저사업의 영역

제2절 호텔레저사업의 운영

호텔의 레저사업 부서는 도심지의 호텔에서는 피트니스센터라는 이름으로 불리지며, 일부 호텔에서는 '헬스 센터', '레크리에이션 센터' 등의 여러 가지 이름으로 불리고 있다. 이러한 레저사업의 운영형태는 회원만이 이용할 수 있는 멤버십(membership)방식과 비회원이 자유롭게 이용할 수 있는 퍼블릭(public)방식 그리고 멤버십과 퍼블릭 방식을 겸한 세미 퍼블릭(semi public)방식이 있다.

이러한 세 가지 운영방식은 호텔이 위치하고 있는 입지조건이라든가 규모 및 시설의 종류 그리고 경영전략 등을 고려하여 각 호텔의 실정에 적합한 방식을 채택하여 운영하고 있다.

실제로 우리나라 호텔들의 레저사업부문의 운영형태를 살펴보면 피트니스센터의 시설규모가 소규모인 것이 대부분이다. 그리고 비교적 피트니스 시장이 크고 수요가 많은 서울 등 대도시의 고급호텔들은 회원만이 이용할 수 있는 멤버십 방식을 채택하여 운영하고 있는 것이 일반적이다. 이와 반대로 피트니스 시장이 비교적 작은 중·소도시에 위치한 호텔들은 일부 시설에 대해서는 회원 전용인 멤버십 방식을 또한 일부 시설에 대해서는 일반인을 대상으로 한 퍼블릭 방식으로 운영하기도 한다. 그리고 멤버십 시장이 좁거나 리조트 지역 그리고 시설이 열악한 지역에서는 완전한 퍼블릭 방식을 채택 운영하는 것이 보통이다.

용어해설

Fitness Center: 호텔의 피트니스센터는 체력단련장, 수영장, 에어로빅장, 라켓볼장, 스쿼시장, 볼링장, 인도어 고프장, 테니스코트 등의 많은 스포츠 시설이 있으며 대부분 호텔의 규모 및 입지조건에 따라 선택적으로 시설을 갖추고 있지만 인도어 시설을 중심으로 운영되고 있다.

Golf 연습장: 실내 골프연습장을 설치하여 골프채 무료 대여 서비스 등을 제공한다.

Health Club: 헬스클럽 즉 체력단련장은 실내에 각종 웨이트 트레이닝 및 에어로빅 등의 헬스기구를 갖추고 체력을 단련하는 장소로서 호텔 피트니스센터 구성의 가장 기본적이고 핵심적인 시설로 간주되고 있다.

Membership Club: 멤버십클럽은 호텔 내·외부 고객을 위한 다양한 시설, 기구와 휴게공간을 마련하고, 이를 고객이 이용목적에 맞게 편안하게 이용할 수 있도록 편의를 제공하고, 기구를 안전하게 활용할 수 있도록 프로그램을 개발하여 전문적인 지도를 제공한다.

Sauna: 호텔의 사우나는 부대시설의 핵심시설이며, 주로 멤버십에 의해서 운영된다. 시설의 구성은 사우나에 냉탕, 온탕, 열탕, 습식도크, 건식도크, 개인샤워부스 등을 설치하며, 특수한 목적으로 황토방, 라듐탕 등 기능성 탕과 휴게실, 안마실 등을 구비하고 있다.

Swimming Pool: 호텔의 수영장은 멤버십클럽의 일환으로 객실고객도 함께 이용하게 되며, 운영과 행정은 헬스와 사우나부문에서 함께 진행하고 있다. 대부분의 호텔수영장은 무료로 운영되지만, 수영장의 규모가 큰 몇몇 호텔은 수영장을 유료화 하여 수익부문으로 운영을 하기도 한다.

참고문헌

박대환 외 3인, 호텔경영관리론, 도서출판 대명, 2007.
이수광·이재섭, 서비스산업의 인적자원관리, 대왕사, 2003.
차길수·윤세목, 호텔경영학원론, 2006.
최정길, 호텔경영학, 21세기사, 2005.
한의구, 호텔레저사업 경영과 실무, 한올출판사, 1999.
롯데호텔, 업무 매뉴얼.
신라호텔, 업무 매뉴얼.
웨스틴조선호텔, 업무 매뉴얼.
파라다이스호텔, 업무 매뉴얼.

저자 소개

박성부 교수는 창원전문대학 관광과에 재직하고 있다. 박 교수는 동아대학교 관광경영학과를 졸업하고 경남대학교에서 경영학 박사학위를 받았다. 주요 경력은 한국관광협회 중앙회 자문위원, 경상남도 및 시·군의 관광분야 자문위원, 경남발전연구원 원외 연구위원, 한국관광레저학회 부회장 등을 역임 또는 활동하고 있다. 주요 논문으로는 관광호텔 노사관계에 관한 실증적 연구, 중·소규모 관광호텔의 수익성 확보방안 등 30여 편의 논문이 있으며, 연구보고서는 부곡하와이 경영전략, 경남지역 관광호텔 위기극복전략 등 10여 권이 있다. 그리고 주요 저서로는 호텔식음료관리, 호텔경영실무, 호텔주장관리 등 10여 편이 있다.

호텔경영의 입문

2009년 8월 10일 초판 1쇄 인쇄
2009년 8월 20일 초판 1쇄 발행

저 자 박 성 부
발행인 (寅製) 진 욱 상
발행처 백산출판사

저자와 합의하에 인지첩부 생략

서울시 성북구 정릉3동 653-40
등 록 : 1974. 1. 9. 제 1-72호
전 화 : 914-1621, 917-6240
FAX : 912-4438
http://www.baek-san.com
edit@baek-san.com

값 15,000원
ISBN 978-89-6183-214-4